Annett Kreil

Ein Kind – Zwei Welten
Das Wechselmodell verstehen, leben und gestalten.

Ein Kind – Zwei Welten

Das Wechselmodell verstehen, leben und gestalten.

Annett Kreil

Bibliografische Information der Deutschen Nationalbibliothek:

Die Deutsche Nationalbibliothek verzeichnet diese Publikation in der Deutschen Nationalbibliografie; detaillierte bibliografische Daten sind im Internet über dnb.dnb.de abrufbar.

Erste Auflage 2025 (Softcover)

© 2025 Annett Kreil

Lektorat: SchreibAtelier, München

Typografie, Layout und Cover: Annett Kreil

Verlag: BoD · Books on Demand GmbH, In de Tarpen 42, 2848 Norderstedt, bod@bod.de
Druck: Libri Plureos GmbH, Friedensallee 273, 22763 Hamburg

ISBN: 978-3-7693-7860-3

Für Anna

Inhaltsverzeichnis

Einleitung

Teil 1: Das Wechselmodell – Was ist das eigentlich?

Teil 2: Das Wechselmodell umsetzen – Wie geht das gut?

Teil 3: Gemeinsam eine Lösung finden – Wie findet ihr fürs Kind zusammen?

Nachwort & Danksagung

Zusätzliche Inhalte

Glossar

Quellenverzeichnis

EINLEITUNG

Herzlich willkommen.

Wenn du diese Seiten aufschlägst, bist du vielleicht gerade an einem Punkt in deinem Leben, an dem nichts mehr so ist wie vorher. Oder du suchst nach Antworten, Inspiration oder einer Richtung, wie es weitergehen kann – für dich, deine Kinder, eure Familie.

Nach meiner eigenen Trennung habe ich erkannt, wie viele Eltern in einem emotionalen Chaos feststecken – verunsichert, wütend, verletzt. Doch inmitten all dieser Gefühle gibt es immer wieder einen gemeinsamen Nenner: unsere Kinder. Sie stehen im Mittelpunkt und für sie wollen wir das Beste. Dieses Buch ist aus einem sehr persönlichen Wunsch heraus entstanden: eine Stimme für die Kinder zu sein.

Ich habe die Höhen und Tiefen selbst erlebt. Die schwierigen Gespräche, die ungelösten Fragen, die Momente, in denen man einfach nicht mehr weiterweiß. Aber ich habe auch gesehen, wie viel möglich ist, wenn beide Eltern trotz aller Differenzen an einem Strang ziehen – oder zumindest nebeneinander herlaufen, ohne ständig Steine auf den Weg des anderen zu werfen.

Mit diesem Buch möchte ich dir keine perfekte Lösung verkaufen – die gibt es nicht. Jede Familie ist anders, jede Situation einzigartig. Aber ich möchte dich ermutigen, neue Perspektiven einzunehmen, mutig zu sein, Entscheidungen zu treffen, die deinem Kind guttun, und bestenfalls auch dir selbst.

Hier findest du keine trockene Theorie, sondern Erfahrungen, Geschichten, Studien und ganz praktische Tipps. Ich schreibe als Mutter, die sich Hintergrundwissen angeeignet hat, als eine Betroffene, der selbst ein praktischer Ratgeber gefehlt hat. Und so findet ihr hier eine Sammlung aus Zitaten und Quellen, die meinen Text begleiten, weil sie mir selbst geholfen haben, mehr zu verstehen. Wollt ihr tiefer einsteigen und selbst recherchieren, Glossar und Quellenverzeichnis geben euch hilfreiche Orientierung.

Es ist ein Mix aus dem, was ich selbst erlebt habe, und dem, was ich aus vielen wertvollen Gesprächen mit anderen Nachtrennungsfamilien mitgenommen habe. Hochstrittig waren viele – mein Ex-Mann und ich ebenso – und doch war die Zeit für alle ein wohlwollender Verbündeter.

Das Wechselmodell ist für viele eine Chance, manchmal ein Kampf, oft eine Herausforderung – aber es ist auch ein Weg, der Kinder stark machen kann. Ein Weg, der zeigt, dass Familie auch nach einer Trennung funktionieren kann.

Lasst uns gemeinsam das Wechselmodell als ein Modell der Zukunft etablieren. Nicht nur, weil es uns als Eltern weiterbringt, sondern weil unsere Kinder es verdienen.

Modell der Zukunft

Jakob Hein hat es auf den Punkt gebracht: In Deutschland gehen Männer und Frauen als modernes Team in den Kreißsaal – und kommen oft im Stil der 50er-Jahre wieder hinaus. Doch eines steht fest: Die Zeiten ändern sich, und mit ihnen vor allem die Rolle der Väter. Sie sind nicht mehr die distanzierten, abwesenden Ernährer von damals. Immer mehr Väter sind heute von Anfang an aktiv in die Erziehung eingebunden. Und es wird Zeit, dass wir das als Gesellschaft nicht nur anerkennen, sondern unterstützen.

Dieser Wandel kommt nicht von ungefähr. Flexible Arbeitszeitmodelle, die Möglichkeit zu Homeoffice, neue Berufsbilder – und nicht zuletzt der Wunsch vieler Mütter, ihre beruflichen Ziele zu verfolgen – haben Türen geöffnet. Wir stehen an einem Punkt, an dem echte Gleichberechtigung in der Elternschaft keine Utopie mehr ist. Natürlich geschieht das nicht über Nacht, und Skepsis bleibt. Aber die nächsten Generationen? Die werden vieles, worüber wir noch diskutieren, selbstverständlich leben.

Es geht nicht darum, ein einziges »richtiges« Modell zu finden. Solange eine Familie intakt ist, kann alles funktionieren – Hauptsache, es passt zu den Bedürfnissen aller Beteiligten. Aber bei einer Trennung zeigt sich oft, wie fragil traditionelle Rollenbilder sind. Der Wochenendpapi auf der einen und die Alleinerziehungsfalle auf der anderen Seite – das kann und sollte nicht die einzige Option sein.

Hier kommt das Wechselmodell ins Spiel. Es bietet eine faire, kindzentrierte Lösung, selbst dann, wenn die Fronten zwischen den Eltern verhärtet sind. Kritiker mögen einwenden, dass es Kommunikation und Zusammenarbeit braucht – und ja, das stimmt. Aber die Praxis zeigt: Auch hochstrittige Paare können mit den richtigen

Unterstützungsangeboten eine Grundlage schaffen, die für ihre Kinder funktioniert.

Ein Modell mit Zukunft

Das Wechselmodell ist mehr als nur eine Option für getrennte Eltern. Es steht für den Aufbruch in eine neue Art der Elternschaft – gerechter, moderner und vor allem kindgerechter. Es fordert uns heraus, alte Denkmuster zu hinterfragen und gemeinsam neue Wege zu gehen.

Die Evolution des Wechselmodells

Der Wunsch nach gemeinsamer Erziehung der Kinder nach einer Trennung wächst stetig. Laut der Allensbach-Studie »Getrennt gemeinsam erziehen« aus dem Jahr 2017 bevorzugen zwei Drittel der befragten Trennungseltern dieses Betreuungsmodell. Noch deutlicher ist das Ergebnis einer allgemeinen Bevölkerungsumfrage, die in dieser Studie zitiert wird, aus dem Jahr 2016: 77 % der Befragten wünschten sich, dass Kinder auch nach der Trennung von beiden Elternteilen betreut und erzogen werden sollten.

Im internationalen Vergleich zur Kinderbetreuung nach elterlicher Trennung zeigt sich, dass Deutschland im Vergleich zu nordischen Ländern wie Schweden, Dänemark und Finnland zurückliegt. Während in diesen Ländern ein erheblicher Anteil der Kinder regelmäßig, nämlich zehn bis vierzehn Nächte pro Monat, beim Nicht-Residenz-Elternteil verbringt, ist dies in Deutschland weniger verbreitet.

Laut dem Deutschen Jugendinstitut (DJI – Bericht 2019) verbringen in Deutschland nur etwa 8 % der Kinder nach einer Trennung 10 bis 15 Nächte pro Monat beim Nicht-Residenz-Elternteil. Wenn man den Begriff der geteilten Betreuung etwas weiter fasst, übernachten immerhin 15 % der Kinder zwischen 8 und 15 Nächten beim Nicht-Residenz-Elternteil. Dies deutet auf eine langsam steigende Akzeptanz des Wechselmodells in Deutschland hin, bleibt jedoch im Vergleich zu den nordischen Ländern relativ gering.

Warum gilt es trotz dieser geringen Verbreitung als Modell der Zukunft?

Herausforderungen im traditionellen Familienmodell

Viele Eltern wünschen sich bereits während einer intakten Beziehung eine gleichberechtigte Aufteilung der Kinderbetreuung. Doch allzu oft stehen dem gesellschaftliche und wirtschaftliche Hürden entgegen:

- **Starre Arbeitszeitmodelle:** Flexible Arbeitszeiten sind noch immer nicht die Regel und erschweren die gleichberechtigte Betreuung.

- **Gehaltsunterschiede:** Der Gender Pay Gap führt häufig dazu, dass ein Elternteil – meist die Mutter – beruflich zurücksteckt.

Nach einer Trennung verstärken sich diese Hindernisse. Das Residenzmodell, bei dem die Kinder hauptsächlich bei einem Elternteil leben, spiegelt nicht nur überholte Rollenbilder wider, sondern schafft auch eine ungleiche Verteilung der elterlichen Verantwortung. Oft bleibt ein Elternteil zurück in der Rolle des Wochenendpapis oder der Alleinerziehenden.

Das Wechselmodell hingegen bietet die Chance, diese Ungleichheit aufzubrechen. Es ermöglicht beiden Elternteilen, gleichermaßen Verantwortung zu übernehmen – und den Kindern, von beiden Eltern aktiv betreut zu werden.

Familienpolitische Entwicklungen

Deutschland steht vor einem Umbruch in der Familienpolitik. Ziel ist es, die vielfältigen Realitäten moderner Familien besser zu unterstützen. Dies schließt die Förderung alternativer Betreuungsmodelle wie des Wechselmodells mit ein.

Derzeit werden jedoch folgende Modelle nach einer Trennung am häufigsten praktiziert:

- **Residenzmodell (90 %):** Das Kind lebt überwiegend bei einem Elternteil – meist der Mutter – und hat nur sporadischen Kontakt zum anderen Elternteil.

- **Nestmodell (>2 %):** Die Kinder behalten einen festen Wohnsitz, während die Eltern sich mit der Betreuung abwechseln. Dieses Modell ist finanziell und organisatorisch anspruchsvoll und daher selten.

- **Wechselmodell (8 %):** Die Kinder wechseln regelmäßig zwischen den Haushalten beider Eltern. Die Betreuung ist gleichmäßig aufgeteilt.

Im europäischen Vergleich zeigt sich, dass Deutschland bei der Umsetzung des Wechselmodells hinterherhinkt. Länder wie Belgien (30 %), Schweden (53 %) und Dänemark (40 %) oder Frankreich (24 %) zeigen, dass das Wechselmodell eine praktikable und erfolgreiche Option sein kann. In einigen Ländern ist es sogar gesetzlich als bevorzugte Lösung verankert.

Befürwortung und Umsetzung

Die Allensbach-Studie zeigt, dass Eltern, die das Wechselmodell praktizieren, dies primär zum Wohle ihrer Kinder tun.

- **80 %** der befragten Eltern sehen eine positive Entwicklung ihrer Kinder durch die gleichberechtigte Betreuung.

- **77 %** betonen, dass Kinder von der Erziehung beider Elternteile profitieren.

Erfreulicherweise nannte über die Hälfte der Eltern auch eigene Vorteile: Berufstätigkeit, persönliche Zeit und eine ausgewogene Lebensgestaltung lassen sich im Wechselmodell besser realisieren.

Positive Erfahrungen von Eltern und Kindern

Studien und Erfahrungsberichte bestätigen, dass das Wechselmodell sowohl für Kinder als auch für Eltern zahlreiche Vorteile bietet:

Vorteile für die Kinder:

- **Ausgewogene Bindung:** Kinder bauen eine starke Beziehung zu beiden Eltern auf, was ihre emotionale Stabilität und ihr Wohlbefinden stärkt.

- **Geringeres Gefühl des Verlusts:** Der regelmäßige Kontakt zu beiden Eltern hilft, Trennungserfahrungen besser zu verarbeiten.

- **Stabilität und Kontinuität:** Das Wechselmodell bietet klare Routinen und Sicherheit – wichtige Voraussetzungen für die Entwicklung eines Kindes.

- **Entwicklung sozialer Kompetenzen:** Kinder lernen, sich in unterschiedlichen Umfeldern zurechtzufinden und soziale Anpassungsfähigkeit zu entwickeln.

Vorteile für die Eltern:

- **Gleichberechtigte Elternschaft:** Beide Elternteile können sich aktiv einbringen und eine stärkere Beziehung zu ihren Kindern aufbauen.

- **Entlastung:** Die geteilte Verantwortung schafft Raum für berufliche und persönliche Entwicklung.

- **Fairness:** Konflikte werden reduziert, da beide Elternteile gleichberechtigt beteiligt sind.

Über 90 % der Eltern, die das Wechselmodell praktizieren, berichten von positiven bis sehr positiven Erfahrungen. Dies deckt sich mit meinen eigenen Beobachtungen und Gesprächen mit anderen Familien, die sich für dieses Modell entschieden haben.

Wie können Politik und Gesellschaft das Wechselmodell fördern?

Die Umsetzung des Wechselmodells erfordert Engagement von Politik und Gesellschaft. Hier sind einige konkrete Ansätze:

Politische Maßnahmen:

- Gesetzliche Verankerung des Wechselmodells als bevorzugte Option bei Trennungen.

- Förderung flexibler Arbeitszeiten, um Eltern die Betreuung zu erleichtern.

- Finanzielle Unterstützung, etwa durch steuerliche Vorteile oder Zuschüsse.

- Informationskampagnen, um das Modell bekannter zu machen und Vorurteile abzubauen.

Gesellschaftliche Initiativen:

- Erfahrungsberichte teilen, um anderen Eltern Mut zu machen.

- Unterstützungsnetzwerke und Selbsthilfegruppen für betroffene Familien.

- Kooperation mit Arbeitgebern, um familienfreundliche Arbeitsmodelle zu fördern.

- Bildungseinrichtungen sollten Workshops anbieten, die die Vorteile des Wechselmodells verdeutlichen.

Ein Modell mit Zukunft

Das Wechselmodell steht nicht nur für eine gerechtere Elternschaft, sondern auch für eine progressive und moderne Familienkultur. Es zeigt, dass Eltern auch nach einer Trennung gemeinsam Verantwortung übernehmen können – zum Wohl ihrer Kinder.

Natürlich ist das Wechselmodell nicht für jede Familie geeignet. Konflikte, geografische Distanzen oder individuelle Bedürfnisse können Hürden darstellen. Doch die Zahlen und Erfahrungen zeigen: Mit Offenheit, Kommunikation und dem richtigen Maß an Unterstützung kann es gelingen, das Wechselmodell erfolgreich umzusetzen.

Die Vorteile für Kinder und Eltern sowie die positive Wirkung auf die Gesellschaft sind es wert, dass wir uns gemeinsam für dieses Modell der Zukunft einsetzen.

Besser beide Eltern

Die vier Grundbedürfnisse von Kindern und Jugendlichen

Die Entwicklung und das Wohlbefinden unserer Kinder hängen entscheidend davon ab, ob wir als Eltern ihre grundlegenden Bedürfnisse erkennen und erfüllen. Der renommierte Psychologe Klaus Grawe hat vier zentrale Bedürfnisse identifiziert, die für Kinder und Jugendliche von fundamentaler Bedeutung sind. Wenn wir als Eltern diesen Bedürfnissen gerecht werden, schaffen wir die Basis für eine stabile und gesunde Entwicklung unserer Kinder – emotional, sozial und kognitiv.

Bedürfnis nach Bindung: Die Basis der emotionalen Sicherheit

Jedes Kind hat ein tiefes Bedürfnis nach Nähe, Geborgenheit und emotionaler Sicherheit. Dieses Bedürfnis ist die Grundlage für eine stabile Bindung, die durch liebevolle Zuwendung, Verständnis und Verlässlichkeit entsteht.

Kinder, die in einer Umgebung der Akzeptanz und des Vertrauens aufwachsen, entwickeln ein starkes Fundament für ihre emotionale Zukunft. Sie lernen, sich sicher zu fühlen, auch in schwierigen Lebenssituationen, und haben ein gesundes Vertrauen in ihre Mitmenschen. Das Gegenteil, nämlich Ablehnung oder Vernachlässigung, kann die emotionale Entwicklung eines Kindes nachhaltig beeinträchtigen.

Bedürfnis nach Kontrolle und Orientierung: Die Kunst der Selbstständigkeit

Kinder haben das Bedürfnis, ihre Umgebung zu erkunden und eigene Erfahrungen zu machen. Gleichzeitig benötigen sie klare Regeln, Strukturen und Orientierung, die ihnen Sicherheit geben und einen stabilen Rahmen für ihre Selbstständigkeit schaffen. Dieses Bedürfnis nach Autonomie und Kontrolle ist ein essenzieller Bestandteil ihrer Entwicklung.

Familienregeln, Routinen und eine verlässliche Tagesstruktur spielen dabei eine entscheidende Rolle. Sie geben Kindern die Freiheit, sich innerhalb eines geschützten Rahmens auszuprobieren, während sie zugleich die Sicherheit haben, dass es verlässliche Leitplanken gibt.

Bedürfnis nach Lustbefriedigung und Unlustvermeidung: Motivation und Freude

Positive Erfahrungen und die Freude am Leben sind zentrale Triebfedern der kindlichen Entwicklung. Genau wie Erwachsene suchen Kinder nach angenehmen Aktivitäten und vermeiden unangenehme Erfahrungen. Dieser natürliche Spiel- und Lusttrieb ist ein wesentlicher Bestandteil ihrer Persönlichkeit.

Indem wir als Eltern eine Umgebung schaffen, die positive Erlebnisse ermöglicht und negative Erlebnisse in Lernmomente verwandelt, fördern wir die ausgewogene Entwicklung unserer Kinder. Sie lernen, dass auch Herausforderungen Teil des Lebens sind und sie gestärkt aus ihnen hervorgehen können.

Bedürfnis nach Selbstwerterhöhung und Anerkennung: Aufbau des Selbstbildes

Kinder und Jugendliche benötigen Anerkennung und Bestätigung, um ein gesundes Selbstwertgefühl zu entwickeln. Lob, positive Rückmeldungen und Wertschätzung von nahestehenden Personen sind essenziell für ein stabiles Selbstbild.

Ein Kind, das sich akzeptiert und geschätzt fühlt, entwickelt Selbstvertrauen und die Fähigkeit, sich in einer komplexen Welt zurechtzufinden. Es ist wichtig, dass wir als Eltern dieses Bedürfnis ernst nehmen und unseren Kindern vermitteln, dass sie einzigartig und wertvoll sind.

Remo Largos Perspektive: Die Umwelt des Kindes im Fokus

Der Entwicklungsforscher Remo Largo erweitert diese Sichtweise mit seinem Fit-/Misfit-Modell. Dieses Modell betont, dass die Übereinstimmung zwischen den Bedürfnissen eines Kindes und seiner Umwelt entscheidend ist.

Largo identifiziert sechs wesentliche Grundbedürfnisse, von denen drei besonders wichtig sind:

1. **Geborgenheit**

2. **Körperliche Integrität**

3. **Entwicklung und Selbstentfaltung**

Mit zunehmendem Alter gewinnen zusätzliche Bedürfnisse an Bedeutung, wie Leistung, soziale Anerkennung und existenzielle Sicherheit. Wenn diese Bedürfnisse erfüllt werden, können Kinder und Jugendliche in ihrer Umwelt wachsen und gedeihen.

Wie lässt sich das Wechselmodell mit den Grundbedürfnissen vereinbaren?

Das Wechselmodell ist eine Antwort auf die Frage, wie die Grundbedürfnisse von Kindern auch nach einer Trennung der Eltern erfüllt werden können. Es ermöglicht Kindern, eine enge Beziehung zu beiden Elternteilen zu bewahren und dabei eine stabile, sichere und unterstützende Umgebung zu erleben. Was leistet es also für die Erfüllung der Grundbedürfnisse konkret?

Bedürfnis nach Bindung

- **Emotionale Sicherheit:** Regelmäßiger Kontakt zu beiden Eltern gibt Kindern das Gefühl von Zugehörigkeit und Geborgenheit. Sie erfahren kontinuierliche Liebe und Fürsorge von beiden Seiten.

- **Vermeidung von Ablehnung:** Indem beide Eltern aktiv am Leben des Kindes teilnehmen, wird das Risiko minimiert, dass Kinder sich von einem Elternteil vernachlässigt oder abgelehnt fühlen.

Bedürfnis nach Kontrolle und Orientierung

- **Autonomie:** Das Wechselmodell fördert die Selbstständigkeit von Kindern, da sie lernen, sich in zwei unterschiedlichen Haushalten zurechtzufinden.

- **Konsistente Regeln:** Auch wenn die Regeln in den beiden Haushalten nicht identisch sind, lernen Kinder, sich an unterschiedliche Strukturen anzupassen, was ihre Anpassungsfähigkeit und Resilienz stärkt.

Bedürfnis nach Lustbefriedigung und Unlustvermeidung

- **Positive Erlebnisse:** Zwei verschiedene familiäre Umgebungen bieten Kindern ein abwechslungsreiches Erlebnisspektrum, das ihre Lebensfreude bereichert.

- **Umgang mit Herausforderungen:** Der Wechsel zwischen zwei Haushalten lehrt Kinder, mit Veränderungen umzugehen und flexible Bewältigungsstrategien zu entwickeln.

Bedürfnis nach Selbstwerterhöhung und Anerkennung

- **Positive Rückmeldung:** Kinder erhalten von beiden Eltern Lob, Unterstützung und Wertschätzung, was ihr Selbstwertgefühl stärkt.

- **Vielfältige Perspektiven:** Die unterschiedlichen Stärken und Interessen der Eltern erweitern den Horizont der Kinder und fördern ihre persönliche Entwicklung.

Fazit: Gemeinsam für das Wohl der Kinder

Wenn wir als Eltern zusammenarbeiten – auch wenn wir getrennte Wege gehen –, können wir unseren Kindern zeigen, dass Liebe, Unterstützung und Geborgenheit nicht an äußere Umstände gebunden sind. Das Wechselmodell bietet die Möglichkeit, eine Atmosphäre der Beständigkeit und Sicherheit zu schaffen, die auf die individuellen Bedürfnisse jedes Kindes abgestimmt ist.

Es liegt an uns, diese Chance zu ergreifen. Durch gegenseitige Unterstützung, offene Kommunikation und klare Strukturen können wir unseren Kindern die besten Voraussetzungen für eine glückliche und gesunde Zukunft bieten.

Psychologische und soziale Vorteile für das Kind

Ausgewogene Bindung zu beiden Eltern

Das Wechselmodell ermöglicht es Kindern, eine starke und ausgeglichene Beziehung zu beiden Elternteilen aufzubauen. Diese Nähe und der regelmäßige Kontakt fördern die emotionale Stabilität und das psychische Wohlbefinden der Kinder. Sie haben die Gelegenheit, ein sicheres Bindungsverhalten zu entwickeln – eine entscheidende Grundlage für ihre emotionale und soziale Entwicklung.

Ganzheitliche Entwicklung und Erziehung

Kinder profitieren davon, die Erziehungsstile und Persönlichkeiten beider Elternteile zu erleben. Jedes Elternteil bringt eigene Stärken, Werte und Interessen ein, die das Kind bereichern. Dies führt zu einer umfassenderen und ausgewogeneren Entwicklung, da das Kind vielfältige Perspektiven und Lebensansätze kennenlernt.

Reduzierung des Trennungstraumas

Eine Trennung der Eltern ist für Kinder oft ein einschneidendes Erlebnis. Das Wechselmodell kann helfen, dieses Trauma abzumildern. Durch die kontinuierliche, aktive Präsenz beider Eltern erleben die Kinder keinen abrupten Verlust. Sie bleiben in einem stabilen und liebevollen Umfeld, das ihnen Sicherheit gibt und zeigt, dass sie weiterhin von beiden Elternteilen unterstützt und umsorgt werden.

Soziale und emotionale Fähigkeiten

Kinder, die regelmäßig zwischen zwei Elternhäusern wechseln, entwickeln oft eine bemerkenswerte Anpassungsfähigkeit. Sie lernen, mit Veränderungen umzugehen und verschiedene soziale und emotionale Situationen zu meistern. Diese Erfahrungen fördern ihre Resilienz – eine Fähigkeit, die sie ein Leben lang begleiten wird.

Gleichberechtigte Vorbilder

Das Wechselmodell bietet Kindern die Möglichkeit, sowohl männliche als auch weibliche Rollenmodelle in ihrem Alltag präsent zu haben. Dies fördert ein ausgeglicheneres Verständnis von Geschlechterrollen und familiären Verantwortungen. Kinder lernen, dass beide Elternteile gleichermaßen in der Lage sind, Liebe, Fürsorge und Unterstützung zu geben.

Verringerte Konflikte und Stress

In einem gut funktionierenden Wechselmodell sind Kinder weniger Spannungen und Konflikten ausgesetzt, die häufig auftreten, wenn ein Elternteil die Hauptbetreuung übernimmt und der andere marginalisiert wird. Ein harmonisches Co-Parenting-Modell schafft ein friedlicheres und stressfreieres Umfeld, das sich positiv auf das Wohlbefinden der Kinder auswirkt.

Kontinuierliche Unterstützung und Förderung

Kinder profitieren von der anhaltenden emotionalen und praktischen Unterstützung beider Eltern. Dies umfasst nicht nur Bildung und schulische Förderung, sondern auch Freizeitaktivitäten und die persönliche Entwicklung. Wenn beide Elternteile aktiv an schulischen und außerschulischen Aktivitäten beteiligt sind, erhalten die Kinder eine gleichmäßige Förderung in allen Bereichen ihres Lebens.

Stärkung des Selbstwertgefühls und der Identität

Die Liebe und Fürsorge beider Eltern stärken das Selbstwertgefühl der Kinder. Sie fühlen sich vollständig und bedingungslos akzeptiert – von Mutter und Vater gleichermaßen. Diese Akzeptanz ist entscheidend für die Entwicklung eines positiven Selbstbildes und eines gesunden Selbstbewusstseins.

Realistisches Familienbild

Kinder, die im Wechselmodell aufwachsen, lernen, dass Familie in unterschiedlichen Formen existieren kann. Sie erkennen, dass eine Trennung der Eltern nicht das Ende familiärer Bindungen bedeutet, sondern eine Transformation, die neue Möglichkeiten eröffnet. Dieses realistische Familienbild kann ihnen helfen, Beziehungen besser zu verstehen und zu gestalten.

Langfristige positive Effekte

Studien belegen, dass Kinder, die im Wechselmodell aufwachsen, langfristig bessere Beziehungen zu beiden Elternteilen pflegen. Sie zeigen im Erwachsenenalter oft eine höhere Lebenszufriedenheit und sind weniger anfällig für psychische Probleme. Diese Vorteile sind ein starkes Argument für die Förderung dieses Betreuungsmodells.

Fazit

In diesem Kapitel haben wir die zahlreichen Vorteile des Wechselmodells für unsere Kinder beleuchtet. Es zeigt sich deutlich, wie
wertvoll es für ein Kind ist, beide Eltern aktiv in seinem Leben zu
haben. Diese ausgewogene Beteiligung stärkt nicht nur ihre emotionalen und sozialen Fähigkeiten, sondern bietet ihnen auch eine
stabile Grundlage für ihr weiteres Leben.

Das Wechselmodell stellt uns als Eltern vor Herausforderungen. Es
erfordert Einsatz, Kooperation und manchmal auch Kompromisse.
Doch die Ergebnisse – das Glück, die Sicherheit und das Wohlbefinden unserer Kinder – sind diese Anstrengung allemal wert.

STOPP!

Bonuseltern – Wo bleiben die eigentlich?

Vielleicht fragt ihr euch an dieser Stelle, weshalb ich die neuen Partner der Eltern nicht erwähne: Ich habe sie in diesem Buch bewusst
weggelassen. Es kann mit neuen Partnern vielschichtige Konflikte geben, die Stress auf die Kinder ausüben. Sind es massive Differenzen,
kann das Wechselmodell sogar scheitern.

Es sind in Patchworkfamilien ganz eigene Entscheidungen zu treffen.
Ein harmonisches Verhältnis oder ein toxisches machen den Unterschied aus.

Die Themen Bonuseltern und Patchwork sind wichtige kapitelfül-
lende Ansätze, die ihr in vielen guten Ratgebern und auf verschiedenen Social-Media-Kanälen nachlesen könnt.

Forschungsergebnisse

Deutsche Studien zum Wechselmodell

Das Wechselmodell, das in Deutschland noch vergleichsweise selten praktiziert wird, hat in den letzten Jahren zunehmend die Aufmerksamkeit von Wissenschaftlern auf sich gezogen. Untersuchungen belegen deutliche Vorteile für Kinder und Eltern:

- **Deutsches Jugendinstitut (DJI, 2024):** Diese Studie untersuchte die Lebenssituation von Kindern, die in Wechselmodell-Arrangements leben. Die Ergebnisse zeigten, dass Kinder in diesen Arrangements oft ein besseres Verhältnis zu beiden Elternteilen aufbauen konnten. Auch die Eltern berichteten von einer höheren Zufriedenheit mit der Betreuungsregelung im Vergleich zu Residenzmodellen.

- **Walper und Beckh (2006):** Ihre Untersuchung konzentrierte sich auf die Auswirkungen des Wechselmodells auf das Wohlbefinden von Kindern. Sie fanden heraus, dass Kinder nach der Scheidung, die regelmäßigen Kontakt zu beiden Eltern hatten, weniger emotionale Probleme und Konflikte mit ihren Eltern erlebten als Kinder in Residenzmodellen.

Europäische Forschungsergebnisse

In anderen europäischen Ländern, in denen das Wechselmodell häufiger angewandt wird, bestätigen Studien ebenfalls die positiven Auswirkungen auf Kinder und Eltern:

- **Schweden (Malin Bergström et al., 2015):** Schweden ist Vorreiter im Bereich des Wechselmodells. Eine Studie zeigte, dass Kinder in Wechselmodell-Arrangements geringere Stresssymptome aufwiesen als Kinder, die hauptsächlich bei einem Elternteil lebten. Die regelmäßige Anwesenheit beider Eltern trug entscheidend zu einer besseren psychischen Gesundheit bei.

- **Belgien (Vanassche et al., 2013):** In Belgien ergab eine Studie, dass das Wechselmodell mit einer höheren Zufriedenheit der Eltern und einer besseren Beziehung zwischen Eltern und Kindern einhergeht. Die Studie hob hervor, dass das Wechselmodell nicht nur die Kinder, sondern auch die Eltern-Kind-Dynamik stärkt.

Internationale Studien und spezielle Themenbereiche

Emotionale Stabilität (Journal of Family Psychology, 2018):

Kinder, die im Wechselmodell aufwachsen, zeigen im Vergleich zu Kindern im Residenzmodell eine höhere emotionale Stabilität. Sie sind besser in der Lage, sich an wechselnde Situationen anzupassen und entwickeln Resilienz gegenüber stressigen Lebensereignissen.

Langzeitbeziehung zu Eltern (Child Development, 2020):

Eine Langzeitstudie kam zu dem Ergebnis, dass Kinder, die im Wechselmodell aufwachsen, auch im Erwachsenenalter oft eine stärkere und positivere Beziehung zu beiden Elternteilen pflegen. Dies wird auf die kontinuierliche Präsenz beider Elternteile in ihrer Kindheit zurückgeführt.

Akademische Leistung (Scandinavian Journal of Psychology, 2019):

Kinder, die im Wechselmodell leben, erzielen tendenziell bessere akademische Leistungen und berichten von einer höheren

Schulzufriedenheit. Dies wird auf die ausgewogene emotionale Unterstützung und das aktive Engagement beider Eltern zurückgeführt.

Psychisches Wohlbefinden (American Psychological Association, 2021):

Eine umfassende Studie zeigte, dass Kinder im Wechselmodell ein höheres Maß an psychischem Wohlbefinden aufwiesen. Gleichzeitig zeigten sie geringere Anzeichen von Stress und Angst im Vergleich zu Kindern, die ausschließlich bei einem Elternteil lebten.

Soziale Fähigkeiten (Child and Family Social Work, 2019):

Kinder, die im Wechselmodell leben, entwickeln ausgeprägte soziale Fähigkeiten. Dazu zählen Anpassungsfähigkeit, Empathie und Konfliktlösungskompetenzen, die sie befähigen, in unterschiedlichen sozialen Kontexten erfolgreich zu agieren.

Familienklima (Family Process, 2020):

Familien, die das Wechselmodell praktizieren, berichten häufig von einem positiveren Familienklima. Die Studie hob hervor, dass die bessere Kommunikation und Koordination zwischen den Elternteilen wesentlich zur Reduzierung von Konflikten und Spannungen beitragen.

Anpassungsfähigkeit bei Jugendlichen (Journal of Divorce & Remarriage, 2021):

Jugendliche im Wechselmodell zeigten eine höhere Anpassungsfähigkeit in kritischen Übergangsphasen, wie dem Wechsel zur weiterführenden Schule oder der Pubertät. Diese Fähigkeit stärkte ihre emotionale Stabilität und ihr Selbstbewusstsein in schwierigen Lebensabschnitten.

Langfristige positive Effekte

Die Ergebnisse dieser Forschung zeigen, dass das Wechselmodell langfristig nicht nur für die Kindheit, sondern auch für das spätere Leben der Kinder von Vorteil ist. Kinder im Wechselmodell:

- Pflegen im Erwachsenenalter häufig stärkere Beziehungen zu beiden Elternteilen.

- Haben ein geringeres Risiko für psychische Probleme wie Depressionen oder Angststörungen.

- Berichten von höherer Lebenszufriedenheit und sozialer Kompetenz.

Fazit

Die wissenschaftlichen Erkenntnisse, die wir hier betrachtet haben, zeichnen ein hoffnungsvolles Bild. Das Wechselmodell bietet Kindern und Eltern die Möglichkeit, eine neue Balance in der Familienstruktur zu finden. Es stärkt die Beziehungen, fördert das Wohlbefinden und bietet eine solide Grundlage für eine erfolgreiche Entwicklung der Kinder.

Wie bei jedem wichtigen Projekt hängt der Erfolg jedoch von mehreren Faktoren ab: der Kooperationsbereitschaft der Eltern, den praktischen Gegebenheiten der Wohnsituation und der Anpassungsfähigkeit der Kinder. Doch eines ist klar: Die Anstrengung lohnt sich, wenn wir das Wohl unserer Kinder in den Mittelpunkt stellen.

Die Quellenangaben findet ihr im Glossar.

Entfremdung

Nun tauchen wir ein in eines der tiefgründigsten und emotional aufwühlendsten Kapitel des Elterndaseins nach einer Trennung: das Phänomen der Entfremdung.

Die Zahlen sprechen für sich: Ein Drittel der Väter erlebt innerhalb von drei Jahren nach der Trennung, wie sich die Beziehung zu ihren Kindern dramatisch verschlechtert. Dieses Thema ist keine leichte Etappe auf unserer Reise, doch es ist notwendig, diesen Aspekt zu beleuchten, um zu verstehen, warum es für Kinder so wichtig ist, beide Elternteile in ihrem Leben zu haben.

Entfremdung ist ein schleichender Prozess, bei dem das anfänglich positive Bild eines Elternteils, meist des Vaters, allmählich durch ein negatives, von der anderen Seite geprägtes Bild ersetzt wird. Emotionen wie Wut und Enttäuschung werden unbewusst von den Kindern übernommen und prägen ihre Haltung und ihr Verhalten gegenüber dem betroffenen Elternteil.

Doch es sind nicht nur Väter, die von Entfremdung betroffen sind. Auch etwa 10 % der Mütter in Deutschland erleben diese schmerzhafte Realität. Die Mechanismen, die zur Entfremdung führen, sind vielfältig – von subtiler Manipulation bis hin zu offener Aggression. Die Auswirkungen sind für alle Beteiligten verheerend.

Das Parental Alienation Syndrome (PAS)

Der US-amerikanische Psychiater Richard Gardner prägte den Begriff »Parental Alienation Syndrome« (PAS), um die systematische Entfremdung eines Kindes von einem Elternteil zu beschreiben. Seine Theorie wurde später durch die Forschung von Richard A.

Warshak untermauert, der zeigte, dass sowohl die entfremdeten Elternteile als auch die Kinder schwer unter den Folgen leiden.

Laut Warshak (2005) basiert das PAS auf drei wesentlichen Kriterien:

1. **Systematische Ablehnung oder Verunglimpfung**: Das Kind wird kontinuierlich und gezielt dazu angehalten, ein negatives Bild des betroffenen Elternteils zu entwickeln und zu pflegen. Diese negative Darstellung geht über gelegentliche Kritik hinaus und ähnelt einer regelrechten Kampagne gegen den Elternteil.

2. **Unbegründete Ablehnung**: Die Ablehnung des Elternteils durch das Kind basiert nicht auf konkreten oder nachvollziehbaren Vorfällen, sondern wird durch die manipulativen Erzählungen des anderen Elternteils geformt. Das Kind entwickelt eine starke, oft feindselige Haltung gegenüber dem entfremdeten Elternteil, die nicht durch tatsächliche Erfahrungen gerechtfertigt ist.

3. **Psychologische Einflussnahme**: Die Haltung des Kindes gegenüber dem betroffenen Elternteil wird signifikant durch die manipulative Einflussnahme des anderen Elternteils geprägt. Diese Manipulation kann subtil oder offen aggressiv sein, hat jedoch stets das Ziel, das Kind in seiner Wahrnehmung und Beziehung zu beeinflussen.

Nur wenn alle drei Kriterien erfüllt sind, spricht man von PAS. Es handelt sich dabei um eine nachhaltige und grundlose Ablehnung, die durch gezielte Manipulation entsteht.

Die offensichtliche Entfremdung

Die Realität des Ausgrenzens eines Elternteils ist in Scheidungsprozessen und Sorgerechtsstreitigkeiten nur allzu präsent. Egal, ob es die

Mütter oder Väter sind, die – getrieben von Verletzungen und Wut – zu diesen Mitteln greifen, in allen Fällen nutzen sie dieselbe Taktik, um sich am anderen Elternteil ihrer Kinder zu rächen.

Was zunächst subtil beginnt – kleine Abwertungen, unauffällige Manipulationen – kann schnell eskalieren. Innerhalb kurzer Zeit entwickelt das Kind eine vollständige Ablehnung gegenüber dem betroffenen Elternteil. Diese Ablehnung äußert sich in Ignorierung, Kontaktverweigerung oder gar Blockaden auf Handys und sozialen Netzwerken.

Ein besonders schmerzliches Beispiel ist die Verschiebung von Umgangszeiten oder der komplette Ausfall des Umgangs. Eine Familienfeier hier, ein Termin da. Das Kind ist krank und kann nur von Mama betreut werden. Plötzliches Schachern um das Freizeitangebot: »Meine Planung übertrumpft deine.« Eine vermeintlich harmlose Absage wegen eines Kindergeburtstags kann der Beginn einer Kette von Vorfällen sein, die den Kontakt zwischen Kind und Elternteil immer weiter einschränken.

Ältere Kinder, die solche Manipulationen erkennen könnten, werden oft durch noch gravierendere Vorwürfe beeinflusst. Aussagen wie »Dein Vater hat uns im Stich gelassen« oder »Deine Mutter hat unsere Familie zerstört« vergiften das Bild des entfremdeten Elternteils nachhaltig.

Kinder haben ein ausgeprägtes Gerechtigkeitsempfinden und stellen sich meist an die Seite des »armen« Opfers.

Natürlich gibt es Situationen, in denen Eltern die Wahrheit sagen müssen – insbesondere, wenn es um Schutz vor Gewalt geht. Doch auch hier steht das Jugendamt auf dem Standpunkt, dass Kinder ein Recht auf eine unvoreingenommene Beziehung zu beiden Elternteilen haben, sofern keine unmittelbare Gefahr für das Kind besteht.

Die versteckte Entfremdung

Während die offensichtliche Entfremdung leicht zu erkennen ist, ist die versteckte Entfremdung oft subtiler und dadurch umso gefährlicher.

Ein Beispiel: Ein Elternteil bleibt im gemeinsamen Haus, die neue Partnerin oder der neue Partner zieht ein, und das Leben geht scheinbar unberührt weiter. Für das Kind, das den anderen Elternteil in einer weniger komfortablen Umgebung erlebt, entsteht das Gefühl, dass die Mutter oder der Vater weniger fähig oder engagiert ist.

Sätze wie »Schau mal, was wir alles haben. Schade, dass du das bei Mama nicht kannst« vermitteln dem Kind unterschwellig, dass ein Elternteil besser sei als der andere. Diese versteckten Botschaften können das Bild des anderen Elternteils nachhaltig beschädigen.

Ein weiteres Beispiel ist die finanzielle Manipulation. Besonders bei ungleichen Einkommensverhältnissen wird finanzielle Macht manchmal als Waffe eingesetzt, um den anderen Elternteil herabzusetzen. Kinder spüren diese Ungerechtigkeiten, auch wenn sie sie nicht vollständig verstehen können.

Selbst scheinbar kleine Aussagen wie »Hat Papa angerufen?« – »Nein, er hat sich nicht gemeldet« können ein Bild von Vernachlässigung und Desinteresse entstehen lassen. Diese Manipulationen wirken oft lange nach, ohne dass das Kind die Wahrheit hinterfragt.

Gewalt und Entfremdung

Gewalt – ob physisch oder psychisch – ist in Deutschland strafbar. Das Recht auf eine gewaltfreie Erziehung ist im Bürgerlichen Gesetzbuch (§ 1631) fest verankert. Doch Entfremdung ist eine Form von seelischer Gewalt, die oft unbemerkt bleibt. Sie verletzt nicht nur die betroffenen Elternteile, sondern vor allem die Kinder, die in einem Netz aus Lügen und Loyalitätskonflikten gefangen sind.

Fazit

Entfremdung ist ein schmerzhaftes und komplexes Thema, das uns alle betrifft – als Eltern, als Gesellschaft, als Menschen, die das Beste für unsere Kinder wollen. Sie zeigt uns, wie wichtig es ist, achtsam mit unseren Worten und Handlungen umzugehen, gerade in der schwierigen Phase nach einer Trennung.

Es liegt an uns, den Kreislauf zu durchbrechen. Indem wir die Bedürfnisse unserer Kinder an erste Stelle setzen, offen und ehrlich kommunizieren und die Manipulation des anderen Elternteils vermeiden, können wir langfristige Schäden verhindern. Kinder haben ein Recht auf beide Eltern – und wir haben die Verantwortung, ihnen diese Möglichkeit zu geben.

Generationen im Wandel

Ein Exkurs: Wie sich unsere Rollenbilder verändert haben

Machen wir einen kleinen Sprung zurück in die Vergangenheit, um zu verstehen, wie sich die Rollenbilder innerhalb und außerhalb der Familie in den letzten 100 bis 200 Jahren entwickelt haben. Diese Veränderungen spiegeln die tiefgreifenden sozialen, wirtschaftlichen und kulturellen Entwicklungen wider, die unsere Gesellschaft nachhaltig geprägt haben.

19. Jahrhundert bis frühes 20. Jahrhundert: Das Patriarchat dominiert

In dieser Epoche waren patriarchale Familienstrukturen das vorherrschende Modell. Die Rollenverteilung war klar geregelt:

- **Der Mann:** Er war der Hauptverdiener, das Oberhaupt der Familie und trug die alleinige wirtschaftliche Verantwortung. Seine Rolle war durch Autorität und Kontrolle geprägt.

- **Die Frau:** Sie kümmerte sich um Haushalt und Kindererziehung. Erwerbstätigkeit für Frauen war selten, und wenn, dann beschränkte sie sich auf niedrig bezahlte und sozial wenig angesehene Arbeiten. Bildung und Karrierechancen blieben den meisten Frauen verwehrt.

- **Strenge soziale Normen:** Abweichungen von dieser Struktur wurden sozial geächtet. Familienleben war geprägt von Traditionen, die wenig Spielraum für individuelle Entscheidungen ließen.

Mitte des 20. Jahrhunderts: Die ersten Brüche im System

Nach dem Zweiten Weltkrieg begann sich das traditionelle Familienbild langsam zu wandeln:

- **Frauen in der Arbeitswelt:** Der wirtschaftliche Wiederaufbau und die Kriegsfolgen führten dazu, dass Frauen vermehrt in die Erwerbsarbeit eintraten, auch wenn dies zunächst oft eine vorübergehende Notwendigkeit war.

- **Frauenbewegung:** In den 1960er- und 1970er-Jahren forderte die Frauenbewegung Gleichberechtigung und eine Neuverteilung von Rollen – sowohl im Beruf als auch in der Familie.

- **Bildung und Karrierechancen:** Frauen erhielten zunehmend Zugang zu Bildung, was langfristig ihre beruflichen und gesellschaftlichen Möglichkeiten erweiterte.

Diese Entwicklungen legten den Grundstein für die flexibleren Rollenbilder, die wir heute kennen.

Ende des 20. Jahrhunderts bis heute: Gleichberechtigung und Vielfalt

In den letzten Jahrzehnten hat sich das traditionelle Familienbild weiter aufgelöst. Die heutige Gesellschaft strebt nach Gleichberechtigung und erkennt unterschiedliche Lebens- und Familienmodelle an.

- **Gleichberechtigte Elternschaft:** Männer und Frauen teilen sich zunehmend die Verantwortung für Familie und Beruf. Väter übernehmen aktivere Rollen in der Erziehung und im Haushalt.

- **Berufstätigkeit beider Eltern:** Doppelverdiener-Familien sind in vielen Ländern zur Norm geworden. Flexible Arbeitszeiten und Home-Office ermöglichen es Eltern, Beruf und Familie besser zu vereinbaren.

- **Vielfalt in Familienmodellen:** Patchwork-Familien, Alleinerziehende, gleichgeschlechtliche Elternpaare und andere Modelle sind gesellschaftlich sichtbarer und zunehmend akzeptiert.

- **Technologischer Wandel:** Digitalisierung und Globalisierung haben das Familienleben verändert. Digitale Kommunikation ermöglicht Nähe über räumliche Distanzen hinweg, und neue Arbeitsmodelle schaffen mehr Flexibilität.

Das moderne Familienbild

Gehen wir einen Schritt weiter: Wie hat sich das Bild der Familie in den letzten 10 bis 20 Jahren verändert, und welche Rolle spielen die jungen Generationen dabei?

Generationenwechsel – YOLO und Z-Generation

In den letzten zwei Jahrzehnten hat sich der Fokus der jüngeren Generationen deutlich verschoben:

- **Persönliches Glück und Lebensgenuss:** Anstelle des früher dominierenden Ziels, beruflichen Erfolg zu haben, stehen heute Lebensgenuss, persönliche Erfüllung und das Streben nach einem ausgewogenen Leben im Vordergrund.

- **Umweltbewusstsein und Toleranz:** Die jungen Generationen legen großen Wert auf umweltbewusstes Handeln, soziale Verantwortung und kulturelle Offenheit.

Doch diese Entwicklung bringt auch Herausforderungen mit sich:

- **Perfektionismus und Selbstdarstellung:** Der Druck durch soziale Medien, ein perfektes Leben zu inszenieren, führt häufig zu Stress und Unzufriedenheit.

- **Überforderung durch Vielfalt:** Die schier endlosen Möglichkeiten zur Selbstverwirklichung und Unabhängigkeit können Entscheidungsdruck erzeugen, da jede Wahl gut durchdacht werden will.

Bewusste Familienplanung

Das moderne Verständnis von Familie ist stärker von Bewusstsein und Reflexion geprägt:

- **Das Kind als Projekt:** Kinder werden nicht mehr als natürlicher Bestandteil des Lebens erwartet, sondern als bewusste Entscheidung und gemeinsames Projekt der Eltern gesehen.

- **Wandel der Mutterrolle:** Frauen sehen Kinder nicht mehr als Mittel zur Sicherung einer Beziehung, sondern entscheiden sich bewusst für eine Familie – oft als Ergänzung zu einer selbstbestimmten Karriere.

Neue Väterrollen und moderne Erziehungsmethoden

Die Vaterrolle hat sich ebenfalls gewandelt. Väter der jüngeren Generationen übernehmen zunehmend Verantwortung in der Erziehung, was eine deutlich gleichberechtigtere Elternschaft ermöglicht:

- **Aktive Vaterrolle:** Väter sind nicht länger nur Ernährer, sondern aktive Bezugspersonen, die sich in den Alltag und die Entwicklung ihrer Kinder einbringen.

- **Bedürfnisorientierte Erziehung:** Moderne Eltern setzen auf eine bedürfnisorientierte und liebevolle Erziehung, die Kinder als gleichwertige Mitglieder der Familie betrachtet und autoritäre Strukturen hinter sich lässt.

Das Wechselmodell im Kontext moderner Familien

In einer Gesellschaft, die sich immer weiter von traditionellen Rollenmustern löst, passt das Wechselmodell hervorragend zu den Bedürfnissen der modernen Familie:

- **Emotionale Verbundenheit und Autonomie:** Das Wechselmodell unterstützt die Kinder darin, eine enge Beziehung zu beiden Elternteilen zu haben, ohne dass sie zwischen diesen wählen müssen.

- **Flexibilität und Fortschritt:** Das Wechselmodell bietet Eltern die Möglichkeit, Verantwortung und Betreuung auf faire Weise zu teilen und so ein Gleichgewicht zwischen Familie und Beruf zu schaffen.

Fazit: Auf dem Weg in die Zukunft

Der Wandel der Rollenbilder zeigt uns, wie weit wir bereits gekommen sind – von patriarchalen Strukturen hin zu flexiblen und vielfältigen Familienmodellen. Die Herausforderungen der heutigen Zeit, aber auch die Chancen durch Technologie und gesellschaftlichen Fortschritt eröffnen uns neue Wege, Familie zu leben.

Das Wechselmodell ist ein Beispiel dafür, wie moderne Familienstrukturen den Bedürfnissen von Eltern und Kindern gleichermaßen gerecht werden können. Es symbolisiert den nächsten Schritt in einer sich weiterentwickelnden Gesellschaft – hin zu mehr Gleichberechtigung, Flexibilität und emotionaler Nähe.

Kind im Blick

Ein Plädoyer für das Wechselmodell

In diesem Kapitel möchte ich die Vorteile des Wechselmodells aus meiner persönlichen Perspektive, gestützt auf Fachmeinungen, beleuchten. Letztlich geht es nicht darum, welche Lösung für die Eltern am besten passt, sondern darum, was das Beste für das Kind ist.

Ein funktionierendes Wechselmodell kann Kindern das geben, was sie nach einer Trennung der Eltern am meisten brauchen: Stabilität, emotionale Sicherheit und eine enge Beziehung zu beiden Elternteilen. Dabei spielen fünf wesentliche Kriterien eine entscheidende Rolle.

Meine 5 Kriterien pro Wechselmodell

1. Liebe zu beiden Eltern

Der erste Punkt ist eine Selbstverständlichkeit, darf aber niemals unter den Tisch fallen: Ein Kind braucht die Liebe und Unterstützung beider Elternteile, um sich sicher und geborgen zu fühlen. Die Beziehung zu Mutter und Vater ist ein unverzichtbarer Anker im Leben eines Kindes – unabhängig davon, ob die Eltern getrennt leben oder nicht. Diese emotionale Bindung bildet die Grundlage für das Gelingen des Wechselmodells.

2. Starke Eltern-Kind-Bindung

Eine enge Bindung entsteht durch regelmäßigen und liebevollen Kontakt. Dabei zählt nicht nur die Zeit, die ein Elternteil mit dem Kind verbringt, sondern vor allem die Qualität dieser gemeinsamen

Momente. Selbst Eltern, die zuvor nur begrenzt in den Alltag ihrer Kinder eingebunden waren, können durch das Wechselmodell eine tiefe, tragfähige Beziehung zu ihren Kindern aufbauen.

3. Verantwortungsbewusstsein beider Eltern

Das Wechselmodell erfordert von beiden Elternteilen ein hohes Maß an Verlässlichkeit und Verantwortungsbewusstsein. Dazu gehört nicht nur die Teilnahme an allem, was die Schule betrifft, und der gemeinsame Blick auf die Gesundheit des Kindes, sondern auch die aktive Förderung des Kindes im Alltag. Nur wenn beide Eltern engagiert und verantwortungsvoll handeln, kann dieses Modell erfolgreich sein.

4. Passende räumliche Bedingungen

Ein Wechselmodell funktioniert nur dann gut, wenn das Kind in beiden Haushalten eine liebevolle und harmonische Umgebung vorfindet. Ein eigenes Zimmer und eine räumliche Nähe der Wohnorte sind ideal, um dem Kind den Übergang zwischen den Haushalten zu erleichtern. Dies unterstützt nicht nur die Selbstständigkeit des Kindes, sondern minimiert auch den organisatorischen Aufwand im Alltag.

5. Erhalt des sozialen Netzwerks

Kinder brauchen ihre Freunde und ihr gewohntes Umfeld, um sich sicher und ausgeglichen zu fühlen. Ein Wechselmodell sollte darauf ausgelegt sein, das soziale Netzwerk des Kindes – sei es die Schule, der Sportverein oder die Nachbarschaft – zu erhalten. Es ist wichtig, dass das Kind unabhängig vom Aufenthaltsort die Möglichkeit hat, seine Freundschaften zu pflegen.

Umgang mit hochstrittigen Eltern

Ein häufig genannter Einwand gegen das Wechselmodell ist, dass es bei hochstrittigen Eltern nicht funktionieren kann. Doch auch in solchen Fällen ist es möglich, eine Co-Elterliche-Beziehung aufzubauen: mit Geduld, externer Unterstützung und klaren Kommunikationsregeln.

Mediation und Coaching können helfen, Konflikte zu reduzieren und eine Basis für ein hinreichend gutes Elternverhältnis zu schaffen. Es ist entscheidend, den Fokus auf das Wohl des Kindes zu lenken, auch wenn dies für die Eltern eine große Herausforderung darstellt. In Kapitel 13 werden wir uns intensiver mit dem Thema Elternebene auseinandersetzen und konkrete Strategien vorstellen.

Anpassungsfähigkeit des Kindes

Nicht jedes Kind ist für das Wechselmodell geeignet. Die individuelle Anpassungsfähigkeit eines Kindes spielt eine zentrale Rolle bei der Entscheidung, ob dieses Betreuungsmodell das Richtige ist. Entwicklungspsychologische und charakterliche Unterschiede können maßgeblich beeinflussen, wie gut ein Kind mit den regelmäßigen Wechseln zurechtkommt.

Beurteilung der Anpassungsfähigkeit des Kindes

- **Entwicklungsstufe:** Jüngere Kinder oder solche in sensiblen Entwicklungsphasen benötigen oft mehr Stabilität und

Routine. Ein fester Hauptwohnsitz kann für sie wichtiger sein als ein regelmäßiger Wechsel zwischen zwei Haushalten.

- **Temperament und Persönlichkeit:** Kinder mit einem flexiblen, anpassungsfähigen Temperament kommen in der Regel besser mit den Veränderungen im Wechselmodell zurecht. Sensiblere Kinder oder solche mit einer stärkeren Bindung zu einem Elternteil könnten hingegen größere Schwierigkeiten haben.

- **Frühere Erfahrungen:** Die Reaktion eines Kindes auf vergangene Veränderungen – wie Umzüge, neue Schulen oder die Trennung der Eltern – kann ein wichtiger Indikator dafür sein, wie es auf das Wechselmodell reagieren wird.

Vorgehensweise bei Bedenken

- Wenn Zweifel an der Anpassungsfähigkeit des Kindes bestehen, können die folgenden Schritte helfen:

- **Professionelle Beratung:** Eine Kinderpsychologin oder ein Familientherapeut können die Situation objektiv bewerten und wertvolle Empfehlungen geben.

- **Kommunikation mit dem Kind:** Offene, altersgerechte Gespräche mit dem Kind über seine Wünsche und Ängste sind essenziell, um seine Perspektive zu verstehen.

- **Probephase:** Eine Testphase kann zeigen, wie das Kind auf das Wechselmodell reagiert. Dabei sollte engmaschig auf seine Bedürfnisse und sein Wohlbefinden geachtet werden.

- **Flexibilität:** Eltern sollten bereit sein, das Betreuungsmodell anzupassen, falls das Kind Schwierigkeiten hat. Manchmal kann eine modifizierte Version des Wechselmodells oder eine andere Lösung besser geeignet sein.

Fazit

Das Wechselmodell bietet viele Vorteile, doch die Entscheidung dafür sollte immer individuell und im besten Interesse des Kindes getroffen werden. Nicht jedes Kind ist gleich – und nicht jedes Kind profitiert automatisch vom Wechselmodell.

Eine sorgfältige Beurteilung der Bedürfnisse, der Persönlichkeit und der Lebensumstände des Kindes ist unerlässlich. Wenn Eltern bereit sind, flexibel und kooperativ zu handeln, und das Wohl ihres Kindes stets an erster Stelle steht, kann das Wechselmodell eine bereichernde und unterstützende Lösung sein. Es erfordert Engagement und Verantwortung, doch der Lohn – ein glückliches, stabiles und gesundes Kind – ist jede Anstrengung wert.

Der Probelauf – Erweiterung des Umgangs

Inwieweit kann eine Erweiterung des Umgangs für diese Kinder hilfreich sein?

Das Ziel jedes Umgangsmodells – sei es eine Erweiterung des Umgangs oder ein vollständiges Wechselmodell – sollte stets darin bestehen, eine Balance zwischen Bindungssicherheit, Kontinuität im Alltag und emotionaler Stabilität zu schaffen. Kinder sollen in beiden Elternhäusern liebevolle und unterstützende Beziehungen erleben, ohne dass ihre individuellen Bedürfnisse vernachlässigt werden.

Sanfte Anpassung für sehr kleine Kinder

Besonders bei sehr kleinen Kindern kann eine Erweiterung des Umgangs eine wertvolle Möglichkeit sein, die Trennungssituation zu verarbeiten und schrittweise eine engere Beziehung zu beiden Eltern aufzubauen.

- **Kürzere, aber häufigere Besuche:** Da kleine Kinder stärker auf konstante Bezugspersonen und Routinen angewiesen sind, können häufigere, aber kürzere Zeitfenster mit dem nicht betreuenden Elternteil helfen, eine sichere Bindung aufrechtzuerhalten. Dies minimiert die belastenden Effekte längerer Trennungen und schafft eine Vertrautheit mit beiden Eltern.

- **Verständnis für Zeit:** Kleine Kinder haben noch kein ausgeprägtes Zeitverständnis. Regelmäßige und vorhersagbare Kontakte bieten ihnen die Sicherheit, dass beide Eltern präsent bleiben und sie nicht verlassen werden.

Diese schrittweise Anpassung ermöglicht es dem Kind, die Trennungssituation besser zu verarbeiten, ohne es emotional zu überfordern.

Anpassung bei älteren Kindern

Mit zunehmendem Alter verändern sich die Bedürfnisse der Kinder, ebenso wie ihre Fähigkeit, Trennungen und Zeitabstände besser zu verstehen.

- **Längere, aber seltenere Besuche:** Ältere Kinder und Jugendliche können längere Perioden ohne den einen Elternteil bewältigen, da sie ein besseres Verständnis für Zeit und Trennungen entwickeln. Dies ermöglicht längere Aufenthalte in einem Elternhaus, ohne dass die Bindung zum anderen Elternteil darunter leidet.

- **Soziales Umfeld:** Schule, Freunde und außerschulische Aktivitäten gewinnen im Leben älterer Kinder an Bedeutung. Ein Modell mit weniger Wechseln kann helfen, ihre sozialen Verpflichtungen und Routinen stabil zu halten.

Die Erweiterung des Umgangs sollte also flexibel an die Entwicklungsstufe und die individuellen Bedürfnisse des Kindes angepasst werden.

Pädagogische und psychologische Perspektiven

Die Fachwelt beschäftigt sich aus unterschiedlichen Perspektiven mit der Aufenthaltsdauer in verschiedenen Umgangsmodellen, liest man sich ein, so entdeckt man einen roten Faden: Besonders kleine Kinder profitieren von kürzeren Abständen zwischen den Besuchen bei beiden Eltern. Mit zunehmendem Alter kann die Frequenz reduziert und die Dauer der Aufenthalte angepasst werden.

Empfehlungen für jüngere Kinder:

- **Kürzere Zeitabstände:** Häufigere Wechsel fördern die Bindungssicherheit und minimieren Stress, da kleinere Kinder regelmäßige, physische Nähe zu beiden Elternteilen benötigen.
- **Kontinuität in der Bindung:** Regelmäßigere Kontakte helfen, eine stabile Bindung zu beiden Elternteilen aufzubauen und aufrechtzuerhalten.
- **Empfehlungen für ältere Kinder:**
- **Stabilität im Alltag:** Weniger Wechsel unterstützen die schulischen Verpflichtungen, Hobbys und sozialen

Aktivitäten. Stabilität und Kontinuität werden für ältere Kinder wichtiger.

- **Eigenständigkeit:** Jugendliche profitieren von längeren Aufenthalten bei einem Elternteil, da dies ihre Eigenständigkeit und ihr Verantwortungsbewusstsein fördert.

Die Rolle altersgerechter Kommunikation

Ein zentraler Aspekt beim Umgang mit Kindern während einer Trennung ist die altersgerechte Kommunikation. Kinder müssen verstehen, dass sie beide Eltern gleichermaßen liebhaben dürfen und keine Schuld an der Trennung tragen. Sie sollten zudem das Gefühl haben, dass ihre Meinungen und Bedürfnisse gehört werden, ohne in eine Vermittlerrolle gedrängt zu werden.

Wichtige Prinzipien der altersgerechten Kommunikation:

- **Klare und einfühlsame Erklärungen:** Kinder brauchen eine verständliche und altersgerechte Erklärung der Trennungssituation, um Unsicherheiten und Ängste zu vermeiden.

- **Gemeinsames Gespräch:** Wenn beide Eltern das Gespräch gemeinsam führen, vermittelt dies Einheit und Sicherheit.

- **Betonung der unveränderten Liebe:** Kinder müssen wissen und fühlen, dass sie bedingungslos geliebt werden und die Trennung keine Auswirkungen auf die Zuneigung der Eltern hat.

- **Vermeidung von Loyalitätskonflikten:** Kinder müssen hören und spüren, dass sie keine Seite wählen müssen.

- **Adressierung von Schuldgefühlen:** Kinder sollten aktiv entlastet werden – sie sind nicht verantwortlich für die Entscheidung der Eltern.

Stützpfeiler für einen erfolgreichen Neustart

Die Gestaltung der Umgangszeiten und der Übergang in ein Wechselmodell erfordert von den Eltern bewusste Entscheidungen und eine klare Struktur. Hier sind einige bewährte Vorgehensweisen, die helfen, einen Neustart für die gesamte Familie positiv zu gestalten:

- **Klare Strukturen und Abläufe:** Ein vorhersehbarer Zeitplan gibt Kindern Sicherheit und Stabilität. Regelmäßige Zeiten und feste Rituale schaffen Orientierung.

- **Erhalt der gewohnten Umgebung:** Kontinuität in Kindergarten, Schule oder Hobbys bietet Kindern eine vertraute Basis in einer Zeit des Wandels.

- **Einfühlsame Beobachtung:** Eltern sollten das Verhalten und die Emotionen ihrer Kinder aufmerksam beobachten und darauf eingehen, falls Schwierigkeiten auftreten.

- **Flexibilität:** Die Umgangsregelungen sollten regelmäßig überprüft und an die Bedürfnisse des Kindes angepasst werden. Professionelle Beratung durch Kinderpsychologen oder Therapeuten können dabei helfen, die beste Lösung zu finden.

Fazit

Die Erweiterung des Umgangs bietet eine Möglichkeit, Kinder schrittweise an eine neue Familienstruktur zu gewöhnen und enge Beziehungen zu beiden Elternteilen zu fördern. Während jüngere Kinder von häufigeren Wechseln profitieren, die ihre Bindung und emotionale Sicherheit stärken, können ältere Kinder längere Aufenthalte bei einem Elternteil genießen, die Stabilität und Kontinuität in ihrem Alltag unterstützen.

Entscheidend ist, dass Eltern flexibel bleiben, die Bedürfnisse des Kindes an erste Stelle setzen und regelmäßig überprüfen, ob die Umgangsregelungen weiterhin im besten Interesse des Kindes sind. Mit einer klaren Kommunikation, einer liebevollen Haltung und dem Bewusstsein, dass jede Veränderung Zeit und Geduld erfordert, können Eltern ihrem Kind helfen, sich positiv zu entwickeln und die Herausforderungen einer Trennung zu meistern.

Ängste der Eltern

Verständnis und Wege zum Dialog

Du hast Angst? Dein Ex-Partner auch.

Die Wahrheit, die viele von uns nur zu gut kennen, ist oft schwer auszusprechen: Nach einer Trennung gibt es selten Raum für lange, sachliche Gespräche über das, was kommen wird. Die Emotionen sind zu stark, die Verletzungen zu frisch. Vielleicht hätte eine offene Kommunikation in manchen Fällen sogar die Ehe retten können, doch stattdessen stehen wir nun vor einer anderen Realität – getrennt, mit Kindern, die wir beide lieben, und mit Ängsten, die uns auf verschiedene Weise prägen.

Das typische Szenario nach der Trennung sieht oft so aus: Einer der Elternteile zieht aus, während die Kinder bei dem anderen bleiben. Dieser Schwebezustand bietet zwar die notwendige Distanz, um die Ereignisse zu verarbeiten, doch er schafft auch Unsicherheiten. Was wird aus der Beziehung zu den Kindern? Wie soll das neue Familienmodell aussehen?

Der Umgang mit der neuen Rolle

Wenn die Rollen klar sind

Manche Eltern finden sich relativ schnell in ihren neuen Rollen zurecht. Für Väter, die sich mit der Rolle des »Wochenendpapas« zufriedengeben, und Mütter, die die Hauptbetreuung übernehmen, scheint die Situation zunächst stabil. Kinder, die vor der Trennung hauptsächlich von der Mutter betreut wurden, passen sich oft gut an einen Vater an, den sie alle zwei Wochen sehen – vorausgesetzt, die gemeinsame Zeit ist von Liebe, Verlässlichkeit und Präsenz geprägt.

Wenn der Vater mehr will

Doch was, wenn der Vater mehr möchte? Wenn er nicht nur Zuschauer, sondern aktiv Teil des Lebens und der Entwicklung seiner Kinder sein will? Was, wenn dies gegen den Willen der Mutter geschieht?

Hier kommen nicht wenige Ängste ins Spiel – auf beiden Seiten. Mütter sehen sich oft mit einer Vielzahl von Sorgen konfrontiert, die von tief verwurzelten Glaubenssätzen bis hin zu existenziellen Herausforderungen reichen. Es ist entscheidend, diese Ängste zu verstehen, um gemeinsam Lösungen zu finden.

ÄNGSTE DER MUTTER – EINBLICKE FÜR VÄTER

Jede Mutter ist anders, und doch gibt es einige Ängste und Zweifel, die viele Frauen nach einer Trennung teilen. Diese können das Wechselmodell erschweren oder verhindern, auch wenn sie nicht immer ausgesprochen werden.

1. Verlust der Sicherheit

Für viele Mütter ist die traditionelle Rolle als Hauptbezugsperson ein Anker in der chaotischen Zeit nach der Trennung. Der Gedanke, diese Sicherheit zu verlieren, kann tiefgreifende Ängste auslösen, unabhängig davon, wer die Trennung initiiert hat.

2. Existenzängste

Ein Wechselmodell kann bedeuten, dass Unterhaltszahlungen wegfallen oder reduziert werden. Für Mütter, die ihren beruflichen Weg zugunsten der Familie zurückgestellt haben, stellt dies eine reale

Herausforderung dar. Einen Job zu finden, der sich mit Betreuungszeiten vereinbaren lässt, ist oft leichter gesagt als getan.

3. Gesellschaftliche Stigmata

Das Wechselmodell mag als fortschrittlich gelten, doch in den Köpfen vieler Menschen hält sich noch das Bild der »Rabenmutter«, die ihre Kinder weggibt. Diese Vorurteile können eine enorme psychische Belastung darstellen und Mütter in eine defensive Haltung drängen.

4. Angst vor Liebesentzug

Die Sorge, dass die Kinder ihre Zuneigung zum Vater verstärken und die Bindung zur Mutter darunter leidet, ist eine tief sitzende Befürchtung. Manipulation oder Entfremdung durch den Ex-Partner können diese Angst zusätzlich verstärken.

5. Einsamkeit

Die Zeiten, in denen die Kinder beim Vater sind, können für die Mutter eine schmerzhafte Leere hinterlassen. Besonders wenn finanzielle Einschränkungen die Möglichkeiten für soziale Aktivitäten begrenzen, verstärkt sich dieses Gefühl der Isolation.

6. Schuldgefühle

Das Scheitern der Familie und die Sorge, den Kindern nicht mehr die gewohnte Stabilität bieten zu können, führen oft zu starken Schuldgefühlen. Mütter fühlen sich manchmal allein verantwortlich für das Wohlergehen der Kinder, was sie zusätzlich belastet.

7. Emotionale Verletzungen und Rache

Manchmal spielen auch ungelöste Konflikte eine Rolle. Die Zurückhaltung der Kinder kann zu einem Machtkampf werden, in dem alte Verletzungen und Wut gegenüber dem Ex-Partner eine zentrale Rolle spielen.

ÄNGSTE DES VATERS – EINBLICKE FÜR MÜTTER

Auch Väter erleben Ängste nach einer Trennung, auch wenn sie diese oft weniger offen zeigen.

- **Verlust der Beziehung zu den Kindern:** Die Sorge, nur noch ein Besucher im Leben der Kinder zu sein, ist für viele Väter eine tiefgreifende Angst.

- **Stigmatisierung als »Wochenendvater«:** Väter möchten nicht auf eine passive Rolle reduziert werden, sondern aktiv am Leben ihrer Kinder teilhaben.

- **Stereotypen überwinden:** Der Wunsch, gegen überholte Rollenbilder anzukämpfen, die Männer als weniger fähig in der Kindererziehung darstellen, ist für viele Väter eine große Herausforderung.

Der Weg zum Dialog

Die Ängste beider Elternteile sind real und verdienen Respekt. Der erste Schritt zu einer Lösung besteht darin, diese Ängste anzuerkennen und offen zu besprechen.

Strategien für einen konstruktiven Dialog:

1. **Empathie zeigen:** Verständnis für die Perspektive des anderen schaffen eine Grundlage für gegenseitigen Respekt.

2. **Mediation und Coaching:** Professionelle Unterstützung kann helfen, Konflikte zu klären und gemeinsame Lösungen zu finden.

3. **Fokus auf das Kind:** Der zentrale Leitgedanke sollte immer das Wohl des Kindes sein.

Fazit: Ängste als Brücke, nicht als Barriere

Ängste sind ein universeller Bestandteil des Menschseins. Sie zu ignorieren, führt oft zu Konflikten, während das Erkennen und Verstehen dieser Ängste eine Brücke zwischen den Eltern bauen kann.

Dieses Kapitel ist ein Plädoyer für das Wechselmodell – nicht als starre Regelung, sondern als Möglichkeit, das Wohl des Kindes in den Mittelpunkt zu stellen. Es fordert dazu auf, nicht nur die eigenen Ängste, sondern auch die des anderen Elternteils anzuerkennen. Nur durch Verständnis und Dialog kann ein Weg gefunden werden, der Eltern und Kindern gleichermaßen gerecht wird.

Manifeste

MANIFEST FÜR MÜTTER

Liebe Mütter,

dies ist für euch. Ein Leitfaden, der euch stärken, inspirieren und auf eurem Weg begleiten soll. Es geht um Vertrauen – Vertrauen in eure Kinder, die oft stärker und widerstandsfähiger sind, als wir es ihnen zutrauen. Vertrauen in den Kindsvater, mit dem ihr einst eine Familie gegründet habt und der, trotz allem, ein wichtiger Teil im Leben eurer Kinder ist. Vertrauen in euch selbst, in eure unerschütterliche Fähigkeit, Liebe und Sicherheit zu geben. Und Vertrauen in das Leben, das euch auch inmitten von Herausforderungen neue Türen öffnen kann.

Vertrauen in das Kind

Eure Kinder sind stärker, als ihr es manchmal annehmen mögt. Sie haben eine erstaunliche Fähigkeit, sich anzupassen, zu wachsen und aus schwierigen Situationen etwas Positives zu ziehen – wenn sie wissen, dass sie dabei von beiden Eltern bedingungslos geliebt werden.

Manchmal unterschätzen wir ihre Kompetenzen und neigen dazu, sie vor Konflikten oder Veränderungen zu schützen. Doch es ist wichtig, ihnen zuzutrauen, dass sie damit umgehen können. Kinder brauchen nicht Perfektion, sondern Sicherheit. Die Gewissheit, dass Mama und Papa immer für sie da sind, unabhängig von den äußeren Umständen, gibt ihnen die emotionale Stabilität, die sie benötigen, um in dieser neuen Familiensituation zu gedeihen.

Vertrauen in den Kindsvater

Ich weiß, das ist nicht immer einfach. Vielleicht fühlst du, dass du die Erziehung bisher hauptsächlich getragen hast, und hast Bedenken, wie der Vater diese Verantwortung übernehmen wird. Aber erinnere dich daran: Auch er hat Fähigkeiten, die euer Kind bereichern können.

Die Beziehung zum Vater ist ein wichtiger Teil der Identität eures Kindes. Ein breiteres Netzwerk an Bezugspersonen stärkt Kinder und hilft ihnen, unterschiedliche Perspektiven und Werte zu entwickeln. Indem du Vertrauen in die Kompetenzen des Vaters setzt, gibst du deinem Kind die Möglichkeit, von beiden Elternteilen zu profitieren.

Vertrauen in dich selbst

Vergiss nie: Du bist die erste und wichtigste Bezugsperson deines Kindes. Die Bindung, die ihr aufgebaut habt, ist stark und wird nicht durch Zeit oder Distanz geschwächt.

Dein Kind spürt deine Unsicherheit, aber es spürt auch dein Vertrauen. Wenn du an dich glaubst – an deine Liebe, deine Stärke und deine Fähigkeit, für dein Kind da zu sein –, überträgst du dieses Vertrauen auf dein Kind. Es ist ein unsichtbares Band, das euch immer verbindet, egal, wo ihr seid.

Vertrauen in das Leben

Das Leben verläuft selten nach Plan. Trennungen bringen Chaos, Schmerz und Unsicherheiten, aber auch Chancen. Chancen, zu wachsen, zu lernen und neue Wege zu finden.

Vertraue darauf, dass die Beziehung zu deinem Kind sich weiterent-
wickelt und stärkt – auch wenn es Zeiten gibt, in denen es mehr Zeit
mit dem anderen Elternteil verbringt. Vertraue darauf, dass du und
dein Kind diese neuen Wege gemeinsam beschreiten könnt, mit
Liebe und Geduld.

Vorbild sein

Was willst du deinen Kindern vorleben? Offenheit, Flexibilität, die
Bereitschaft, neue Wege zu gehen? Oder möchtest du an starren Bil-
dern und alten Rollenmustern festhalten?

Kinder lernen durch Beobachtung. Sie nehmen sich uns zum Vorbild
– in unserem Handeln, in unserer Einstellung, in der Art, wie wir mit
Veränderungen umgehen. Zeige ihnen, dass Veränderung Teil des
Lebens ist und dass wir immer die Möglichkeit haben, das Beste daraus zu machen.

Freiheit für dich selbst

Die Zeiten, in denen dein Kind beim Vater ist, können eine Quelle
der Freiheit für dich sein – eine Gelegenheit, dich selbst wiederzuent-
decken. Nutze diese Momente, um Hobbys nachzugehen, Freundschaften zu pflegen, neue Dinge zu lernen oder einfach mal durchzu-
atmen. Erlaube dir, ab und zu, wieder die lebendige Frau zu sein, die
du vor den Kindern warst.

Diese Zeit ist keine Leere, sondern ein Raum, in dem du wachsen
kannst. Indem du dich selbst stärkst, stärkst du auch die Beziehung
zu deinem Kind.

JA zu gemeinsamer Zeit mit dem Vater

Dein Kind liebt seinen Vater. Diese Liebe ist kein Wettbewerb und keine Bedrohung. Sie ist eine Bereicherung. Unterstütze die Beziehung zwischen deinem Kind und seinem Vater, denn sie ist entscheidend für die seelische und soziale Entwicklung deines Kindes.

JA zum Vater

Denke an die positiven Seiten des Vaters deines Kindes. Es gibt sie – sonst hättet ihr einst keine Familie gegründet. Dieser Respekt und diese Anerkennung sind grundlegend für eine gemeinsame Elternschaft, die funktioniert.

JA zum Leben

Richte deinen Blick auf das, was möglich ist. Sorge dafür, dass dein Leben erfüllt bleibt, auch nach der Trennung. Deine Zufriedenheit, dein Wohlbefinden und dein Optimismus wirken sich direkt auf dein Kind aus. Wenn du glücklich bist, wird dein Kind es spüren – und sich daran orientieren.

Verantwortung teilen

Alleinerziehend zu sein, ist eine enorme Herausforderung. Wenn der Vater bereit ist, Verantwortung zu übernehmen, gib ihm die Chance. Das entlastet dich, gibt dir Raum zum Atmen und ermöglicht deinem Kind, von beiden Elternteilen zu lernen und zu profitieren.

Integrität und Respekt

Eure Erziehungsstile werden nicht immer identisch sein. Das ist normal. Und war wahrscheinlich schon in eurer Partnerschaft nicht anders. Es ist wichtig, Unterschiede zu akzeptieren, solange beide Elternteile das Wohl des Kindes im Blick haben. Respektiert einander und arbeitet daran, das Beste für euer Kind zu erreichen.

Gemeinsam für eine bessere Zukunft!

Dieses Manifest ist eine Einladung, mit Vertrauen und Offenheit den Herausforderungen der Trennung zu begegnen. Es ermutigt dich, das Wechselmodell nicht als Bedrohung, sondern als Chance zu sehen – für dein Kind, für dich selbst und für den Vater deines Kindes.

Du bist nicht nur Mutter. Du bist eine starke, eigenständige Frau mit Träumen, Zielen und der Fähigkeit, das Beste aus jeder Situation zu machen. Lass dich nicht von Ängsten leiten, sondern von der Hoffnung, dass dieser neue Weg voller Möglichkeiten ist – für dich und für dein Kind.

Glaube an dich. Glaube an dein Kind. Und vertraue darauf, dass das Leben dich zu einem neuen, erfüllenden Kapitel führen wird.

(Wenn ich dir hier an dieser Stelle ein Buch ans Herz legen darf, dann dieses hier: Stark und alleinerziehend von Alexandra Widmer.)

Platz für eigene Notizen:

MANIFEST FÜR VÄTER

Liebe Väter,

ihr habt eine bedeutsame Rolle im Leben eurer Kinder – eine, die weit über die täglichen Verpflichtungen hinausgeht. Ihr seid Wegweiser, Unterstützer und Vorbilder. Dieses Manifest ist eine Einladung, diese Rolle mit Herz, Verstand und vollem Engagement zu leben. Es zeigt euch, wie ihr euren Kindern ein starkes Fundament geben könnt, während ihr gleichzeitig eine Brücke des Verständnisses und der Kooperation zur Mutter eurer Kinder baut.

In der Zeit nach einer Trennung ist es leicht, sich in Konflikten oder Verletzungen zu verlieren. Doch genau hier liegt eure Stärke: Ihr habt die Fähigkeit, ein Umfeld zu schaffen, das von Respekt, Unterstützung und Mitgefühl geprägt ist – ein Umfeld, das eure Kinder stärkt und ihnen den Raum gibt, sich sicher und geliebt zu fühlen.

1. Die Ängste der Mütter ernst nehmen

Eine Trennung hinterlässt Spuren – auch bei der Mutter eurer Kinder. Sie sieht sich oft mit tiefgreifenden Ängsten konfrontiert: von der Sorge um die finanzielle Sicherheit bis hin zur Angst, die Bindung zu den Kindern zu verlieren.

Eure Aufgabe ist es, diese Ängste ernst zu nehmen. Zeigt, dass ihr ihre Sorgen versteht und bereit seid, gemeinsam Lösungen zu finden. Offene Gespräche und ein respektvoller Umgang können Brücken bauen und Misstrauen abbauen.

2. Verantwortung für die finanzielle Sicherheit übernehmen

Einer der häufigsten Konfliktpunkte nach einer Trennung sind finanzielle Fragen. Doch eure Kinder verdienen Stabilität, und diese beginnt bei euch.

Seid transparent in finanziellen Angelegenheiten und zeigt, dass ihr bereit seid, euren Teil beizutragen. Ein Wechselmodell oder andere Betreuungsformen sollten nicht als Mittel genutzt werden, um Unterhaltszahlungen zu vermeiden. Vielmehr geht es darum, eine faire und nachhaltige Lösung zu finden, die das Wohl eurer Kinder in den Mittelpunkt stellt.

3. Die Mutter respektieren

Auch wenn die Beziehung als Paar nicht funktioniert hat, bleibt die Mutter eine zentrale Figur im Leben eurer Kinder. Respektiert ihre Rolle und den Beitrag, den sie zur Entwicklung eurer Kinder bisher geleistet hat und leistet.

Respekt bedeutet, konstruktiv zu kommunizieren, Kompromisse zu finden und anzuerkennen, dass ihr beide das gleiche Ziel verfolgt: das Beste für eure Kinder. Dieser Respekt ist ein Geschenk, das eure Kinder sehen und von dem sie lernen werden.

4. Ein Vorbild sein

Eure Kinder beobachten euch. Sie lernen von eurem Verhalten, euren Worten und euren Entscheidungen. Zeigt ihnen, dass man auch in schwierigen Zeiten reif, respektvoll und verantwortungsvoll handeln kann.

Indem ihr Empathie, Stärke und Verständnis zeigt, legt ihr den Grundstein für die Werte, die eure Kinder später in ihrem eigenen Leben leiten werden.

5. Kooperation und Mitgefühl leben

Co-Parenting ist keine leichte Aufgabe, besonders wenn die Wunden der Trennung noch frisch sind. Doch es ist eine Chance – eine Chance, zu zeigen, dass ihr für eure Kinder über eure Differenzen hinaus wachsen könnt.

Kooperation bedeutet, Kompromisse einzugehen, gemeinsam Entscheidungen zu treffen und stets das Wohl der Kinder in den Mittelpunkt zu stellen. Mitgefühl bedeutet, die Perspektive des anderen Elternteils zu verstehen und seine Bemühungen anzuerkennen.

Geht diesen Weg mit Überzeugung

Ihr habt es in der Hand, eine positive Veränderung herbeizuführen. Jede Handlung, die von Respekt und Verständnis getragen wird, macht einen Unterschied – nicht nur im Leben eurer Kinder, sondern auch in eurem eigenen.

Ihr seid nicht nur Väter. Ihr seid Leuchttürme für eure Kinder, die ihnen in einer Zeit des Wandels Orientierung und Sicherheit bieten. Lasst euch nicht von Konflikten abhalten, euer volles Potenzial als Väter zu leben.

Eure Kinder brauchen euch – nicht nur als Ernährer oder Besucher, sondern als aktive, liebevolle und präsente Bezugspersonen. Nutzt diese Chance, euch einzubringen, Brücken zu bauen und ein starkes Fundament für die Zukunft eurer Familie zu schaffen.

Ihr schafft das – und eure Kinder werden es euch danken.

Warum dieses Manifest zählt!

Dieses Manifest liegt mir am Herzen, weil ich in Gesprächen mit Nachtrennungsfamilien immer wieder sehe, wie wichtig die Haltung der Väter für den Erfolg des Co-Parentings ist. Es ist kein Geheimnis, dass finanzielle Konflikte nach einer Trennung oft eine zentrale Rolle spielen. Zu oft erlebe ich, wie Väter ein Wechselmodell fordern, weil sie glauben, dadurch Unterhaltszahlungen vermeiden zu können.

Doch lasst mich klar sein: Co-Parenting ist weit mehr als eine finanzielle Frage. Es geht um die emotionale und psychologische Unterstützung, die Kinder von euch beiden brauchen. Es geht darum, euch als Väter voll einzubringen – unabhängig davon, was auf dem Papier steht.

Das Wohl eurer Kinder muss an erster Stelle stehen. Jeder Streit, jeder Kompromiss, jede Anstrengung – sie alle lohnen sich, wenn sie dazu beitragen, dass eure Kinder in einer stabilen, liebevollen Umgebung aufwachsen können.

Dieses Manifest ist ein Aufruf, über Konflikte und Differenzen hinauszuschauen und eure Verantwortung als Väter mit Stolz, Integrität und Liebe zu erfüllen.

Platz für eigene Notizen:

Aufteilung der Kinderbetreuung

Jedes Jahr sind in Deutschland über 120.000 Kinder von der Scheidung ihrer Eltern betroffen. Diese Zahl gibt jedoch nur einen Teil der Realität wieder, denn Kinder unverheirateter Paare, die ebenfalls von Trennungen betroffen sind, finden in den Statistiken kaum Beachtung. Gemeinsam werfen diese Zahlen ein Schlaglicht auf eine zentrale gesellschaftliche Herausforderung: die Organisation und Aufteilung der Kinderbetreuung nach einer Trennung.

Die Realität der Alleinerziehenden und das Residenzmodell

Nach aktuellen Statistiken (2023) gibt es in Deutschland rund 1,7 Millionen Alleinerziehende — was ungefähr 20 % aller Familien entspricht. Der Anteil der Väter, die ihre Kinder alleine erziehen, liegt bei knapp 18 %. Das traditionelle Residenzmodell ist nach wie vor die häufigste Betreuungsform: Die Kinder leben überwiegend bei einem Elternteil, meist der Mutter, während der andere Elternteil — in der Regel der Vater — alle zwei Wochenenden und gelegentlich mittwochs Umgang hat.

Für viele Familien bedeutet das lange Fahrten quer durchs Land. Kinder pendeln nicht nur zwischen zwei Welten, sondern tragen symbolisch und oft auch wörtlich den sprichwörtlichen »Koffer« zwischen den Haushalten der Eltern hin und her.

Stigma Pendelkind und die Vorurteile

Das Wechselmodell wird häufig kritisch betrachtet. Der Vorwurf »Das arme Kind weiß gar nicht, wo es hingehört!« ist keine Seltenheit. Bilder von Kindern, die mit ihrem Teddy im Arm auf Züge warten, oder von Vätern, die mit Taschen bepackt und Kindern an der Hand in den Umgang starten, prägen dieses Narrativ. Doch müssen nicht alle Trennungskinder pendeln?

Oft entstehen diese Meinungen ohne ein tieferes Verständnis der Lebensrealität dieser Familien. Medien und Öffentlichkeit greifen solche Eindrücke gern auf, ohne die individuellen Geschichten und Herausforderungen der Betroffenen zu kennen.

Ich erinnere mich gut an die Reaktionen, wenn ich von unserem gut funktionierenden Wechselmodell erzählte. Plötzlich befand ich mich im Kreuzfeuer der Kritik. »Wie egoistisch, das Kind zu teilen!« warf man mir vor.

Die Diskussionen waren oft hitzig. Auf der einen Seite stand die Ansicht, Wechselmütter seien keine »richtigen« Mütter. Auf der anderen Seite das Bild von Vätern, die sich mit einem Besuch alle zwei Wochen zufriedengeben sollten. Ein uralter Konflikt, der leider viel zu oft die zentrale Frage verdrängt: **Was will das Kind?**

Diese Frage »Ja, was will es?« hat noch mal eine andere Dimension, wie der folgende Exkurs zeigt.

Was ist der Unterschied zwischen Kindeswunsch und Kindeswohl?

Ein Beispiel: Die Eltern wollen sich trennen und die Kinder wollen, dass die Eltern zusammenbleiben. Dann müssten hier besorgte Eltern auf Wunsch ihrer Kinder bis zum »Sankt-Nimmerleins-Tag« zusammenbleiben. Das heißt, Eltern handeln entgegengesetzt zum Kindeswunsch oder Kindeswille. Wäre es für das Kindeswohl besser, wenn die Eltern zusammenblieben? Natürlich! Das Kind hätte weiterhin beide Elternteile und ein sicheres Zuhause. Und die Eltern wären damit in der Pflicht, sich zusammenzureißen und dem Kind eine liebevolle und konfliktfreie Umgebung zu bieten. Da man aber Eltern nicht zwingen kann, die Partnerschaft aufrechtzuerhalten, bis die Kinder freiwillig ausziehen, muss eine gute Lösung für alle gefunden werden.

Das sicherlich beste Konzept wäre nach der Trennung das Nestmodell: Die elterliche Wohnung bleibt bestehen und die Eltern wechseln hin und her. Das erfordert seitens der Eltern eine große Kompromissbereitschaft und viel Geld. Nämlich, um sich jeweils eine eigene kindfreie Wohnung zuzulegen.

Oder die Eltern schaffen es, in der unmittelbaren Nachbarschaft zu wohnen, und das Kind kann freiwillig dorthin pendeln, wie es dem Kind gerade passt. Das Problem, das ich hier sehe: Wie pädagogisch wäre es, wenn das Kind jedem Konflikt aus dem Weg gehen könnte, und müsste sich nie, wenn es sich geschickt anstellt, einem Problem stellen. Das wären sicherlich die Wünsche der Kinder, die allerdings nicht immer zu ihrem Wohl sind.

Also müssen wir uns »Pest und Cholera« anschauen und dann entscheiden, was vielleicht nicht den Wünschen des Kindes entspricht, aber dennoch die Kriterien des Kindeswohls erfüllen.

Das Kind möchte immer seine Eltern um sich haben, also ist ein Wechselmodell die beste Lösung. Doch was ist, wenn ein Wechselmodell nicht umsetzbar ist? Wäre dies eine Entscheidung gegen das Kindeswohl? Die Mutter braucht einen neuen Job in einer anderen Stadt oder gründet mit einem neuen, liebevollen Partner eine neue Familie? Ist das unbedingt schädlich fürs Kind? Also entspricht dies nicht dem Kindeswohl?

Dann müsste auch jedes erstgeborene Kind seine Kinderrechte anprangern können, wenn es kein Geschwisterkind haben will. Oder ein Einzelkind verklagt seine Eltern, weil es gerne in einer Großfamilie aufgewachsen wäre.

Wo also verletzen wir das Wohl des Einzelnen, wenn wir doch das Gute für alle haben wollen?

Alles ab dem Zeitpunkt der Trennung der Eltern entspricht nichts mehr dem Kindeswunsch. Dennoch kann man mit verschiedenen Modellen sehr wohl dem Kindeswohl entsprechen.

Was das Wechselmodell Kindern ermöglicht

Nach einer Trennung ist der Koffer des Kindes nicht mehr ein Relikt für seltene Reisen. Er wird Teil des Alltags. Das Pendeln wird unumgänglich – die Frage ist nur, **wohin** das Kind pendelt: zu einem liebevollen Zuhause oder in eine Besuchssituation?

Das Wechselmodell bietet Kindern die Möglichkeit, in beiden Familien als gleichwertiges Mitglied aufzuwachsen. Sie können Wurzeln schlagen und in zwei liebevollen Welten zuhause sein, anstatt sich wie ein Besucher zu fühlen. Es gibt ihnen die Chance, in beiden Umgebungen eine vollwertige Rolle zu spielen und von beiden Eltern gleichermaßen zu profitieren.

Wie wird das Wechselmodell in der Praxis gelebt?

Die Gestaltung des Wechselmodells ist so individuell wie die Familien, die es leben. Unterschiedliche Altersgruppen, Bedürfnisse und Lebensrealitäten erfordern unterschiedliche Ansätze. Hier einige gängige Modelle, basierend auf meinen Erfahrungen und Umfragen in sozialen Medien:

Für kleinere Kinder

Wechselfrequenz: Zwei- bis dreitägiger Rhythmus.

Vorteile:

- Regelmäßiger Kontakt fördert eine enge Bindung zu beiden Eltern.

- Die Eltern müssen kooperieren, was das Verhältnis positiv beeinflussen kann.

Nachteile:

- Häufige Wechsel können die Eingewöhnung erschweren.

- Mehr Planung und Absprache sind erforderlich.

Empfehlung: Ein erweitertes Umgangsmodell (z. B. 70/30) kann als sanfter Einstieg dienen, bevor zu einem ausgeglichenen Wechselmodell übergegangen wird.

Ab dem Schulalter

Wechselfrequenz: Wöchentlicher Rhythmus.

Vorteile:

- Klare Routine und Balance zwischen den Haushalten.

- Gut planbar und für die meisten Familien praktikabel.

Nachteile:

- Kinder könnten sich schwerer einleben.

- Alltägliche Probleme könnten unbemerkt bleiben.

Das skandinavische Modell

Wechselfrequenz: alle zwei Wochen.

Vorteile:

- Kinder tauchen intensiver in die jeweilige Familienstruktur ein.

- Eltern können konsistentere Erziehungsstile umsetzen.

Nachteile:

- Längere Abstände zwischen den Wechseln.

- Eltern müssen das Vermissen ihrer Kinder stärker aushalten.

In der Pubertät

Teenager haben oft eigene Präferenzen, die berücksichtigt werden sollten. Sei es der Wunsch, näher bei Freunden zu sein, oder schulische Anforderungen – die Bedürfnisse und Wünsche der Jugendlichen verdienen besonderes Gehör.

Mit zunehmendem Alter wächst auch ihr Recht auf Mitbestimmung in Familienangelegenheiten. Besonders bei Betreuungsentscheidungen sollte ihre Stimme mehr Gewicht bekommen. Ab einem gewissen Alter – oft ab 14 Jahren – sind sie in der Lage, ihre Wünsche klar zu formulieren und ihre Entscheidungen zu reflektieren.

Indem wir sie aktiv in diese Prozesse einbeziehen, fördern wir nicht nur ihre soziale und emotionale Entwicklung, sondern auch ihr Verantwortungsbewusstsein. Vor allem aber zeigen wir ihnen, dass ihre Meinung zählt – und das ist ein wichtiger Schritt in Richtung Selbstbestimmung und Eigenverantwortung.

Fazit: Flexibilität ist der Schlüssel

Das Leben nach einer Trennung ist ein ständiges Navigieren zwischen den Bedürfnissen der Eltern und der Kinder. Kein Modell ist perfekt, und alle haben ihre Vor- und Nachteile.

Was zählt, ist die Bereitschaft der Eltern, flexibel zu bleiben, zuzuhören und die Betreuung an die sich ändernden Lebensphasen ihrer Kinder anzupassen. Denn letztlich ist das Ziel klar: eine Kindheit, die von Liebe, Stabilität und einem tiefen Gefühl der Zugehörigkeit geprägt ist – in beiden (Wohn-)Welten.

Ferien im Wechselmodell

Wenn Kinder das schulpflichtige Alter erreichen, beginnt für Eltern eine neue Ära – und das nicht nur in Bezug auf den Alltag, sondern vor allem bei der Ferienplanung. Die Zeiten günstiger Reisen außerhalb der Hochsaison und spontaner Ausflüge sind vorbei. Stattdessen stehen teure Reisezeiten, überfüllte Urlaubsorte und endlose Staus auf der Autobahn an.

Für getrennte Eltern kommt eine zusätzliche Ebene der Herausforderung hinzu: die eingeschränkte Flexibilität bei Reisedaten, die Abstimmung bei Reisezielen (insbesondere bei Reisen außerhalb der EU, die die Zustimmung des anderen sorgeberechtigten Elternteils erfordern), und die Frage, wer den Reisepass des Kindes verwahrt. Selbst wenn man gar nicht verreist, bleibt die Mammutaufgabe, 14 Wochen Ferien im Jahr – also rund 70 Arbeitstage – zu organisieren.

Die Realität: Ferien und Kinderbetreuung teilen

Für getrennte Eltern bietet die 50/50-Aufteilung der Ferien eine klare Entlastung: Die Betreuungstage werden auf beide Elternteile verteilt. Doch die Praxis zeigt, dass auch dieses Modell Organisationstalent, Kompromissbereitschaft und oft eine gute Portion Geduld erfordert – vor allem, wenn neue Partner ins Spiel kommen und die Sehnsucht nach einem kinderfreien Urlaub zu zweit wächst.

Modelle für die Ferienaufteilung

Die gängigste Praxis ist die hälftige Aufteilung aller Ferienzeiten. Dabei gibt es verschiedene Ansätze, die sich an den individuellen Bedürfnissen der Familie orientieren:

1. Kurze Ferien (z. B. Fasching, Herbst)

Manche Eltern teilen auch die einwöchigen Ferien, etwa mit einem Wechsel in der Wochenmitte. Andere Eltern entscheiden sich dafür, dass einer die Faschingsferien übernimmt, während der andere die Herbstferien bekommt.

Herausforderungen:

- Fehlen Großeltern oder alternative Betreuungsmöglichkeiten, kann diese Planung schwierig werden.

- Ein Wochenwechsel kann bei kurzen Ferien als stressig empfunden werden, da kaum Zeit für Entspannung bleibt.

2. Zweiwöchige Ferien (z. B. Ostern, Pfingsten)

Bei den zweiwöchigen Ferien ist es üblich, in der Mitte zu wechseln. Doch auch hier gibt es Stolpersteine: Wenn die An- und Abreisetage auf fixe Tag fallen – meist Samstag – kann es zu Problemen bei der Organisation kommen.

Empfehlung: Die Eltern sollten möglichst frühzeitig einen Plan erstellen, um Konflikte zu vermeiden und den Übergang so reibungslos wie möglich zu gestalten.

3. Sommerferien

Die langen Sommerferien stellen eine besondere Herausforderung dar, bieten aber auch eine wertvolle Gelegenheit für Kinder, ununterbrochene Zeit mit einem Elternteil zu verbringen. Viele Eltern legen den üblichen Wechselrhythmus zugunsten längerer Aufenthalte bei einem Elternteil beiseite.

Vorteile: Kinder können intensiver an Ort und Zeit eintauchen, sei es bei einem Abenteuerurlaub oder einer entspannten Zeit im Heimatort, mit Freunden oder bei den Großeltern.

Tipp: Erlaubt euren Kindern, ihre eigenen Sommergeschichten zu schreiben – mit der Freiheit, sich ganz auf ein Zuhause zu konzentrieren, bevor sie wieder wechseln.

»Every summer tells a story.« Wissen wir doch selbst am besten.

Kontakt während der langen Ferien

Auch für Kinder ab der Grundschule oder im letzten Kindergartenjahr können längere Zeiträume – bis zu drei Wochen – ohne den anderen Elternteil gut funktionieren. Diese Zeit gibt ihnen die Möglichkeit, sich voll auf die Umgebung und die Familie einzulassen.

Regeln für den Kontakt:

- Eltern sollten Kinder immer ermutigen, Kontakt zum anderen Elternteil aufzunehmen. Zugang zu Mobiltelefon, eingespeicherte Festnetznummern oder festgelegte Telefonzeiten können hilfreich sein.

- Der Kontakt sollte jedoch nicht erzwungen werden. Kinder sollen die Freiheit haben, die Zeit im jeweiligen Elternhaus zu genießen, ohne das Gefühl zu haben, ständig erreichbar sein zu müssen.

Wichtig: Vertrauen zwischen den Eltern ist der Schlüssel. Eine gute Eltern-Kind-Bindung zeigt sich nicht in der Häufigkeit der Anrufe, sondern darin, dass Kinder sich sicher und geborgen fühlen – und sich aus freien Stücken melden, wenn sie möchten.

Feiertage – Navigieren durch emotionale Zeiten

Feiertage wie Weihnachten, Ostern und Geburtstage bergen oft mehr Konfliktpotenzial als die regulären Ferienzeiten. Besonders das Weihnachtsfest sorgt häufig für Spannungen: Wer darf das Kind an Heiligabend bei sich haben? Wer verbringt den ersten Weihnachtsfeiertag mit den Großeltern?

Strategien für Weihnachten:

- **Aufteilung der Feiertage:** Laut einer Umfrage von 2019 teilen 48 % der Nachtrennungsfamilien die Weihnachtsfeiertage auf, häufig inklusive Heiligabend.

- **Wechseljahresrhythmus:** Viele Eltern wechseln die Feiertage jährlich – ein Jahr verbringt das Kind Heiligabend beim Vater, im nächsten bei der Mutter.

- **Gemeinsames Feiern:** 24 % der Eltern schaffen es, freiwillig gemeinsam mit ihren Kindern zu feiern. Doch dies birgt auch Risiken: Kinder könnten falsche Hoffnungen auf eine Versöhnung der Eltern entwickeln, oder ein Streit könnte die Feiertage belasten.

Empfehlung: Frisch getrennten Eltern rate ich, Weihnachten pragmatisch anzugehen und nicht zu hohe Erwartungen zu hegen. Das Kindeswohl steht an erster Stelle, und manchmal bedeutet dies, getrennt zu feiern.

Geburtstage

Kindergeburtstage sind für Eltern und Kinder gleichermaßen emotional bedeutsam. Doch wie teilt man diesen besonderen Tag auf?

- **Separate Feiern:** Bei jüngeren Kindern sind getrennte Geburtstagsfeiern oft noch praktikabel.

- **Gemeinsame Zeit:** Viele Eltern vereinbaren, dass der Geburtstag nach dem regulären Betreuungsrhythmus verläuft, der andere Elternteil jedoch für ein paar Stunden Zeit mit dem Kind verbringt – zum Beispiel für ein Eis oder einen Zoobesuch.

- **Wochenendfeiern:** Häufig wird die Kinderparty an einem der darauffolgenden Wochenenden nachgeholt, was den organisatorischen Druck mindert.

Tipp: Mit zunehmendem Alter sollten die Wünsche des Kindes Vorrang haben – ob es lieber Zeit mit einem Elternteil oder mit Freunden verbringen möchte.

Muttertag, Vatertag und Geburtstage der Eltern

Diese Tage sind emotionale Meilensteine im Leben getrenntlebender Eltern. Eine flexible Handhabung ist hier oft der Schlüssel:

- Viele Eltern wechseln an diesen Tagen ab, auch wenn sie nicht in den regulären Rhythmus fallen.

- Schwieriger wird es, wenn diese Tage in die Ferienplanung fallen. Hier sind gegenseitiges Verständnis und Kompromissbereitschaft gefragt.

Empfehlung: Ein wechselnder Jahresrhythmus kann helfen, Konflikte zu minimieren. Jedes Jahr wird der Startpunkt des Wechselmodells getauscht, sodass sich die Feiertagsaufteilung automatisch umkehrt.

Fazit: Gelassenheit und Kompromissbereitschaft

Die Ferien- und Feiertagsplanung im Wechselmodell erfordert viel Organisation und oft auch emotionale Stärke. Doch mit klaren Absprachen, Vertrauen und Flexibilität können Eltern sicherstellen, dass ihre Kinder das Beste aus beiden Welten genießen.

Letztlich geht es darum, den Kindern positive Erfahrungen zu ermöglichen – sei es in einem fernen Urlaubsland oder bei einer liebevoll organisierten Geburtstagsfeier. Wenn Eltern die Bedürfnisse der Kinder in den Mittelpunkt stellen, wird jede Herausforderung zu einer Chance, neue Familientraditionen zu schaffen und den Kindern das Gefühl von Stabilität und Geborgenheit zu geben.

Übergaben und Organisation

Die Übergabe im Wechselmodell ist weit mehr als nur ein logistischer Akt. Es ist ein Moment des Übergangs – ein emotionaler und organisatorischer Schlüsselmoment, der Feingefühl, Respekt und manchmal auch ein wenig Kreativität erfordert.

Ob die Kinder wöchentlich, zweiwöchentlich oder in einem anderen Rhythmus zwischen den Elternhäusern wechseln, eine gut gestaltete Übergabe trägt wesentlich zum harmonischen Ablauf des Wechselmodells bei. Besonders bei kleineren Kindern sind klare Absprachen und eine freundliche Atmosphäre wichtig, da sie sich unmittelbar auf das Wohlbefinden der Kinder auswirken.

Bei vielen Nachtrennungsfamilien hat sich ein Übergabeheft etabliert oder eine E-Mail am Vorabend des Wechsels vom »abgebenden Elternteil«.

Was sollte bei Übergabe besprochen bzw. mitgeteilt werden?

Wichtige Aspekte der Übergabe

1. Gesundheit und Wohlbefinden

Die Gesundheit der Kinder sollte immer oberste Priorität haben. Beide Elternteile müssen über den aktuellen Gesundheitszustand informiert sein.

- **Akute Erkrankungen:** Informiert den anderen Elternteil unverzüglich bei Notfällen wie einem Krankenhausaufenthalt oder einer akuten Erkrankung. Eine kurze Nachricht per Handy ist hier der schnellste Weg.

- **Arztbesuche:** Teilt die Gründe für Arzttermine sowie die besprochenen Ergebnisse mit. Dazu gehören Therapiepläne, Medikation und Folgetermine.

- **Medikamente:** Markiert klar, wo Medikamente zu finden sind, etwa in der »Pendeltasche«, dem Schulranzen oder dem Kindergartenrucksack. Ein Zettel mit Dosierungsanweisungen ist hilfreich, um Missverständnisse zu vermeiden.

2. Schule und Kindergarten

Schule und Kindergarten sind wesentliche Bestandteile des Alltags der Kinder. Beide Elternteile sollten über alles Wesentliche informiert sein:

- **Elternabende und Gespräche:** Informiert euch gegenseitig über Termine und Ergebnisse, beispielsweise von Elternabenden oder Lernentwicklungsgesprächen.

- **Aktuelle Themen:** Gebt Weiteres wie besondere Projekte, Ausflüge oder Probleme im sozialen Umfeld weiter.

Eine reibungslose Kommunikation zu schulischen und kindergärtnerischen Belangen ist entscheidend für die Unterstützung der Kinder in diesen Lebensbereichen.

3. Emotionale Belange der Kinder

Kinder nehmen bei jedem Wechsel zwischen den Elternhäusern ihre eigenen Gedanken und Gefühle mit. Der übergebende Elternteil kann eine Brücke bauen:

- **Themen ansprechen:** Gibt es Dinge, die das Kind beschäftigen, über die es mit dem anderen Elternteil sprechen möchte, sich aber nicht traut? Helft, diese Tür zu öffnen, ohne Druck auszuüben.

- **Stimmung und Verhalten:** Informiert den anderen Elternteil über auffällige Stimmungen oder Verhaltensweisen, die während eurer Betreuungszeit aufgetreten sind.

4. Finanzielle Aspekte

Größere Anschaffungen oder bevorstehende Kosten sollten offen und fair besprochen werden. Transparenz sorgt hier für ein besseres Miteinander und vermeidet Missverständnisse.

Was bleibt privat?

Nicht alles aus der Betreuungszeit eines Elternteils muss mit dem anderen geteilt werden. Der Alltag der Kinder und des betreuenden Elternteils enthält viele private Momente, die nicht zwingend Thema der Übergabe sein müssen.

Aktivitäten und Routinen: Ob es um die Unternehmungen in der Mama- oder Papa-Zeit, den Medienkonsum oder die Bettgehzeiten geht – diese Aspekte gehören in die individuelle Verantwortlichkeit des betreuenden Elternteils.

Privates Leben: Details über das eigene Privatleben, neue Partnerschaften oder vertraute Gespräche zwischen Elternteil und Kind bleiben privat. Die Kinder sollten das Gefühl haben, dass ihre Gespräche mit einem Elternteil nicht ungefragt weitergegeben werden.

Lösungen für hochstrittige Situationen

In hochstrittigen Trennungen kann die Übergabe eine besonders sensible Angelegenheit sein. Hier gibt es verschiedene Ansätze, um den Prozess zu erleichtern:

- **Übergabe durch Dritte:** Großeltern, Freunde oder andere neutrale Personen können unterstützend wirken.

- **Wechsel an neutralen Orten:** Kindergarten, Schule oder ein vereinbarter Treffpunkt können als Übergabeorte genutzt werden, um direkten Kontakt zu vermeiden.

- **Spezialisierte Apps:** Es gibt Apps für getrennte Eltern, die helfen, Termine, Nachrichten und wichtige Informationen effizient und neutral zu organisieren.

- **Übergabeheft oder E-Mails:** Ein Übergabeheft oder eine regelmäßige E-Mail-Kommunikation können ebenfalls wertvolle Brücken bauen.

Fazit: Respekt und Vertrauen als Basis

Die Übergabe ist ein entscheidender Moment im Leben eurer Kinder. Sie kann entweder eine reibungslose Verbindung zwischen den beiden Welten schaffen oder ein Quell von Stress und Unsicherheit sein.

Mit gegenseitigem Respekt, klaren Absprachen und einem Fokus auf das Wohl des Kindes kann sie zu einem harmonischen Bestandteil des Wechselmodells werden. Vertrauen und Geduld sind die wichtigsten Bausteine, um die Übergabe langfristig stressfrei und positiv zu gestalten – für euch und vor allem für eure Kinder.

Mediation

»Der Anfang ist die Hälfte des Ganzen.« Dieses Zitat von Aristoteles fasst treffend zusammen, was der Prozess der Mediation in der sensiblen Phase nach einer Trennung bewirken kann. Mediation ist kein Mittel zur Paartherapie. Es ist nicht das Ziel, getrennte Partner wieder zusammenzuführen. Vielmehr geht es darum, aus einem zerstrittenen Trennungspaar ein gut funktionierendes Elternpaar zu formen – im besten Interesse der gemeinsamen Kinder.

Mediation hilft, eine Ebene des Respekts und der Kooperation zu finden, auf der sich Mutter und Vater begegnen können. Kinder sollen spüren, dass sie auch nach der Trennung auf beide Elternteile zählen können.

Oft ist Mediation ein entscheidender Schritt, um das Wechselmodell erfolgreich in die Wege zu leiten. In Konfliktsituationen, die sonst vor Gericht enden könnten, wird Mediation häufig sogar angeordnet, um eine gerichtliche Auseinandersetzung zu vermeiden. Familiengerichte ermutigen Eltern, diesen außergerichtlichen Weg zu gehen. Warum? Weil Eltern – und nicht Richter – die Verantwortung für das Wohl ihrer Kinder tragen sollten.

Statistiken bestätigen die Wirksamkeit von Mediation: Bei Paaren, die sich darauf einlassen, bleibt der Kontakt der Kinder zu beiden Elternteilen stabil. Etwa 30 % aller Väter, die eine Mediation durchlaufen haben, sehen ihre Kinder mindestens einmal pro Woche. Für rund 90 % der getrennten Paare ist Mediation der friedlichste und effektivste Weg, um in der Nachtrennungszeit eine konstruktive Kommunikation aufrechtzuerhalten.

Was wird in einer Mediation geklärt?

Mediation ist ein flexibles Verfahren, das auf die spezifischen Bedürfnisse der Familie abgestimmt wird. Typische Themen, die im Rahmen einer Mediation bearbeitet werden, sind:

- **Umgangsregelungen**: Vereinbarungen über ein Betreuungsmodell (z. B. Wechselmodell oder erweitertes Residenzmodell).

- **Ferienplanung**: Klare Absprachen über Ferienzeiten und Feiertage.

- **Feiertage und Geburtstage**: Regelungen für besondere Anlässe im Jahr.

- **Nachmittagsbetreuung und Freizeitgestaltung**: Absprachen zu Hobbys, Kursen und Aktivitäten.

- **Finanzielle Themen**: Klärung von Unterhalt, Mehrbedarf und größeren Anschaffungen, falls eine Einigung ohne Anwälte möglich ist.

Ich halte es für sinnvoll, in den ersten zwei bis drei Jahren nach der Trennung jährlich eine Mediation durchzuführen, um sicherzustellen, dass die Kommunikation zwischen den Eltern stabil bleibt und auf die sich ändernden Bedürfnisse der Kinder eingegangen werden kann.

Die erste Hürde: Kontaktaufnahme

Der Schritt, eine Mediation zu initiieren, ist oft der schwierigste. Viele Eltern zögern, weil sie befürchten, dass der andere Elternteil ablehnen könnte oder alte Konflikte wieder aufbrechen. Doch gerade dieser Schritt kann den Grundstein für eine erfolgreiche Co-Eltern-schaft legen.

Warum das Jugendamt eine gute Anlaufstelle ist

Das Jugendamt verfügt über geschultes Personal, das Erfahrung mit unterschiedlichsten Familiensituationen hat. Dort kannst du sicher sein, dass deine Anliegen ernst genommen werden. Zudem bietet ein Termin beim Jugendamt einen wichtigen Nachweis, falls es später zu gerichtlichen Auseinandersetzungen kommen sollte. Mediatoren sind zur Verschwiegenheit verpflichtet, was dir zusätzliche Sicherheit gibt.

So läuft die Kontaktaufnahme ab

- Nimm telefonisch Kontakt mit dem Jugendamt oder einer Beratungsstelle auf und vereinbare einen Termin.

- Oft gibt es ein Vorgespräch, bei dem der Mediator mit jedem Elternteil einzeln spricht, um die jeweiligen Perspektiven und Ziele zu verstehen.

- Bereite dich auf dieses Gespräch vor, indem du dir überlegst, was dir wichtig ist, und was du für deine Kinder erreichen möchtest.

Vorbereitung auf den Mediationstermin

Eine erfolgreiche Mediation erfordert Vorbereitung. Konzentriere dich dabei stets auf das Wohl deiner Kinder. Es hilft, wenn du mit einer klaren Agenda in die Sitzung gehst:

1. **Beziehung zum Kind stärken**: Überlege, wie du die Bindung zu deinem Kind positiv gestalten kannst. Welche Routinen oder gemeinsamen Aktivitäten könnt ihr beibehalten oder neu entwickeln?

2. **Stress minimieren**: Welche Strategien helfen, stressfreie und konfliktarme Zeiten zu schaffen?

3. **Kontakt zum anderen Elternteil**: Wie könnt ihr als Eltern zusammenarbeiten, um eurem Kind eine stabile und unterstützende Umgebung zu bieten?

Was solltest du konkret vorbereiten?

- **Themenliste**: Notiere die wichtigsten Punkte, die du ansprechen möchtest – von Schulangelegenheiten über Ferienplanung hin zu finanziellen Fragen.

- **Kalender**: Betrachte vergangene Monate, um zu sehen, welche Erfahrungen und Beobachtungen du teilen möchtest. Plane außerdem zukünftige, wichtige Termine, wie Geburtstage, Urlaube oder Familienfeiern.

- **Tagebuch oder Notizen**: Ein Tagebuch oder stichpunktartige Notizen können helfen, deine Beobachtungen und Anliegen strukturiert darzulegen.

Die Rolle des Mediators

Ein Mediator ist neutral und unparteiisch. Seine Aufgabe ist es, den Dialog zwischen den Eltern zu erleichtern und Lösungen zu fördern, die beide Seiten akzeptieren können.

Ein guter Mediator:

- **Hält den Fokus**: Er sorgt dafür, dass die Gespräche auf der Elternebene bleiben und sich nicht in alten Konflikten verlieren.

- **Fragt nach Hintergründen:** Der Mediator hilft, Ängste, Hoffnungen und Beweggründe der Eltern zu verstehen, um Missverständnisse aufzulösen.

- **Fördert Eigenverantwortung:** Die besten Lösungen entstehen, wenn die Eltern sie selbst entwickeln – der Mediator unterstützt diesen Prozess.

Kompromisse finden

In einer Mediation geht es selten darum, die perfekte Lösung zu finden. Vielmehr ist das Ziel, einen akzeptablen Kompromiss zu erreichen, mit dem beide Seiten leben können.

Was macht einen guten Kompromiss aus?

- **Flexibilität:** Überlege vorab, in welchen Bereichen du bereit bist, nachzugeben, und sei großzügig, wenn es deinem Kind zugutekommt.

- **Gegenseitigkeit:** Nutze die Zug-um-Zug-Taktik – du gehst auf die Bedürfnisse des anderen ein und erwartest im Gegenzug ein entsprechendes Entgegenkommen.

Das Recht auf Bedenkzeit

In der Hitze des Gefechts kann der Druck, sofortige Entscheidungen zu treffen, groß sein. Doch es ist völlig in Ordnung, um Bedenkzeit zu bitten.

- **Schutz vor Überforderung:** Wenn du dich zu einer schnellen Antwort gedrängt fühlst, erkläre, dass du Zeit benötigst, um die Angelegenheit in Ruhe zu überdenken.

- **Klare Fristen:** Vereinbare mit dem Mediator, bis wann du deine Entscheidung mitteilen wirst – zum Beispiel per E-Mail.

Habe Vertrauen in dich und deine Wahrnehmung.

Es ist vollkommen in Ordnung, dir die Zeit zu nehmen, die du brauchst, um die besten Entscheidungen für dich und deine Familie zu treffen. Dieser Weg ist kein Wettlauf und keine Prüfung, sondern ein Prozess, der Geduld, Selbstvertrauen und Klarheit erfordert.

Du kennst dein Kind und eure Familiensituation besser als jeder andere. Vertraue darauf, dass du in der Lage bist, Lösungen zu finden, die für euch alle am besten funktionieren. Und erinnere dich daran, dass es keine Schwäche ist, innezuhalten und eine Entscheidung sorgfältig zu überdenken – im Gegenteil, es ist ein Zeichen von Stärke und Verantwortungsbewusstsein.

Mit diesem Vertrauen in dich selbst legst du die Grundlage für eine starke und harmonische Co-Elternschaft, in der du und der andere Elternteil eure Kinder gemeinsam unterstützt, aufbaut und durch alle Herausforderungen des Lebens begleitet.

Zusätzliche Unterstützung für Eltern

Neben der Mediation gibt es Kurse und Workshops für getrennte Eltern. Anbieter wie Jugendämter, kirchliche Einrichtungen oder Organisationen wie Pro Familia helfen, praktische Fähigkeiten für eine konstruktive Elternschaft zu entwickeln.

Fazit: Ein Weg in die Zukunft

Mediation ist kein Zauberstab, der alle Probleme löst. Sie ist ein Werkzeug, das euch Eltern hilft, gemeinsam Lösungen zu finden – nicht nur für euch selbst, sondern hauptsächlich für eure Kinder.

Der Erfolg liegt in der Bereitschaft, zuzuhören, nachzugeben und das Wohl eurer Kinder an erste Stelle zu setzen. Mit Geduld, Respekt und Offenheit kann Mediation der Beginn einer neuen, besseren Zusammenarbeit sein – als Elternpaar, das seine Kinder in den Mittelpunkt stellt.

Elternebene

Vom Paar zur Co-Elternschaft

Die Elternebene zu etablieren, ist eine der größten Herausforderungen nach einer Trennung. Es bedeutet, von einer oft emotional geladenen Paarebene zu einer sachlichen und konstruktiven Ebene zu wechseln, die einzig und allein dem Wohl der Kinder dient. In diesem Kapitel teile ich persönliche Erfahrungen und professionelle Erkenntnisse, die dir helfen können, diesen Übergang zu meistern und eine funktionierende Nachtrennungsfamilie aufzubauen.

Meine persönliche Erfahrung: Herausforderungen und Erkenntnisse

Während meiner ersten Mediationen habe ich eine interessante Dynamik beobachtet: Es schien oft, als bekäme der Vater einen kleinen Bonus allein durch seine Anwesenheit. Da saß er, gut gekleidet, sichtlich beschäftigt, ein Mann, der sich extra Zeit nahm, um zum Termin zu kommen. Im Kontrast dazu wurde ich, »die Mutti«, offenbar als selbstverständlich verfügbar angesehen.

Der zentrale Punkt in jeder Mediation war von Anfang an klar: Wir befanden uns **nur noch auf der Elternebene**. Alles, was aus der Paarebene stammte – alte Verletzungen, Trauer, gebrochene Versprechen –, hatte hier keinen Platz.

Aus Erfahrung weiß ich, dass die Grenzen zwischen diesen Ebenen oft verschwimmen. Doch aus Sicht des Kindeswohls ist diese Trennung entscheidend. Ich musste allerdings selbst lernen, angelesene Theorie in die Praxis umzusetzen. Es dauerte Monate, bis ich den Übergang wirklich verinnerlicht hatte.

Was mir geholfen hat, war ein bewusster **Wechsel der Perspektive**:

Die »GmbH fürs Kind« – Eine neue Sichtweise

Stell dir vor, du und dein/e Ex-Partner/in seid die Geschäftsführer einer »GmbH fürs Kind«. Eure Aufgabe ist es, das Kind bestmöglich zu fördern und zu begleiten. Diese Metapher half mir, meine Rolle auf der Elternebene klarer zu sehen: als Koordinatorin, die gemeinsam mit dem Co-Geschäftsführer (dem Vater) arbeitet, um das Wohl unseres Kindes zu sichern.

Die Umfirmierung von der glücklichen Familie zur Nachtrennungsfamilie

Eine Trennung bedeutet nicht das Ende der Verantwortung – vielmehr eine Neuausrichtung. Die gemeinsame Aufgabe bleibt bestehen, jedoch in einer anderen Form. Statt der romantischen Paarbeziehung steht der Modus nun auf: pragmatische Kooperation.

Im Wechselmodell übernimmt jeder Elternteil 100 % Verantwortung, verteilt auf 50 % der Zeit. Es ist eine geteilte Führungsrolle, in der beide Eltern als gleichberechtigte Geschäftsführer auftreten.

Das Big Picture: Ein gemeinsames Ziel schaffen

Ein hilfreiches Werkzeug auf der Elternebene ist die Erstellung eines **Big Pictures** – einer Vision, die als langfristiges Ziel dient.

1. Meilensteine im Leben eures Kindes

- **Erster Schultag:** Ihr steht beide gemeinsam da, lächelt für ein Foto und gebt eurem Kind das Gefühl, von beiden Elternteilen unterstützt zu werden.

- **Schulabschluss:** Ihr applaudiert gemeinsam, wenn euer Kind das Abschlusszeugnis erhält – unabhängig davon, welche Herausforderungen ihr als Eltern zuvor hattet.

- **Berufseinstieg:** Ihr seid beide stolz darauf, wie euer Kind seinen Weg gefunden hat, weil es stets eine verlässliche Basis hatte.

2. Gemeinsame Familienmomente ohne Spannung

- **Geburtstage:** Statt getrennte Feiern zu organisieren, gelingt es euch vielleicht, in entspannter Atmosphäre gemeinsam mit eurem Kind zu feiern.

- **Hochzeiten und Enkelkinder:** Ihr sitzt bei der Hochzeit eures Kindes oder nach der Geburt eures ersten Enkelkindes gemeinsam im Raum – mit Respekt und Wertschätzung füreinander.

3. Das Vermächtnis der Elternschaft

- **Euer Kind als Vorbild:** Euer Kind wird irgendwann eigene Beziehungen und vielleicht selbst eine Familie haben. Es wird aus eurer Elternschaft lernen – zeigt ihm, dass Respekt und Zusammenarbeit auch nach einer Trennung möglich sind.

- **Gemeinsame Werte weitergeben:** Egal ob Bildung, Ehrlichkeit oder Hilfsbereitschaft – ihr legt gemeinsam das Fundament dafür, dass euer Kind diese Werte mitnimmt.

4. Die Sicht des Kindes einnehmen

- **Wie erzählt euer Kind später von seiner Kindheit?** Wird es sagen: *»Meine Eltern haben sich getrennt, aber sie haben mich nie zwischen sich zerrieben«*? Oder wird es sich an ständige Konflikte erinnern?

- **Ein sicherer Hafen für das Kind:** Egal, in welchem Haus euer Kind ist – es soll wissen, dass es geliebt wird und beide Eltern für es da sind.

Das Big Picture dient als Erinnerung daran, warum eine kooperative Haltung im Wechselmodell so wichtig ist: Es geht nicht um die Vergangenheit, sondern um die Zukunft eures Kindes.

Zielvereinbarungen treffen

Nachdem ihr das Big Picture definiert habt, geht es darum, die praktischen Voraussetzungen dafür zu schaffen:

1. **Gemeinsame Verantwortung:**
   - Welche Werte und Ziele möchtet ihr eurem Kind vermitteln?
   - Wie stellt ihr sicher, dass das Kind eine stabile, liebevolle Umgebung hat?

2. **Individuelle Stärken nutzen:**
   - Welche Kompetenzen bringt jeder von euch ein? (z. B. in Bildung, Freizeitgestaltung, emotionaler Unterstützung)
   - Wo könnt ihr euch gegenseitig ergänzen?

3. **Konkrete Absprachen:**
   - Ferienplanung, Umgangszeiten, finanzielle Fragen und schulische Belange sollten klar geregelt sein.

Die Balance zwischen Innen- und Außenverhältnis

Ein zentraler Aspekt der Elternebene ist die **Trennung von Innen- und Außenverhältnis**:

- **Das Außenverhältnis:** Dies betrifft eure Kommunikation als Eltern. Hier sollten Sachlichkeit und Professionalität im Vordergrund stehen. Persönliche Emotionen aus der Paarebene haben hier keinen Platz.

- **Das Innenverhältnis:** Die Beziehung zu euren Kindern bleibt herzlich, emotional und liebevoll. Sie sollten nicht spüren, dass sie Teil einer organisatorischen »GmbH« sind.

Je jünger die Kinder, desto wichtiger ist es, die projektbezogene Perspektive im Hintergrund zu halten. Ältere Kinder können diese Sichtweise jedoch besser verstehen, besonders wenn sie humorvoll erklärt wird.

Zeit als Heiler

Der Übergang von der Paarebene zur Elternebene braucht Zeit. Je intensiver die frühere Beziehung war, desto tiefer sind oft die Verletzungen.

Es ist normal, dass alte Wunden zunächst noch in die Elternebene hineinwirken. Doch mit Geduld und dem Fokus auf das Wohl des Kindes könnt ihr lernen, diese Emotionen loszulassen.

Ein Aufsichtsrat als Unterstützung

Ein innovativer Ansatz ist die Einbindung eines »Aufsichtsrats« – einer neutralen dritten Person, die hilft, Konflikte zu entschärfen und die Kommunikation auf Kurs zu halten.

- **Neue Partner oder Freunde:** Sie können bei der Moderation von Gesprächen unterstützen und dazu beitragen, alte Konflikte nicht erneut aufleben zu lassen.

- **Mediatoren:** Ein Mediator kann als neutraler Ansprechpartner dienen und dabei helfen, sachliche Lösungen zu finden.

Das Ziel ist es, eine respektvolle Kommunikation aufrechtzuerhalten, in der das Wohl des Kindes an erster Stelle steht.

Hindernisse erkennen und überwinden

Die Elternebene erfordert eine ehrliche Bestandsaufnahme:

- **Finanzielle Ungleichheiten:** Wenn ein Elternteil deutlich mehr verdient, sollte ein fairer Ausgleich gefunden werden, damit das Kind in beiden Haushalten ähnliche Möglichkeiten hat.

- **Unterschiedliche Kompetenzen:** Wo ein Elternteil Unterstützung benötigt (z. B. bei schulischen Themen), sollte der andere einspringen.

Respekt und Kooperation als Grundlage

Kinder sind ein Gemeinschaftsprojekt. Mit der Trennung endet diese Aufgabe nicht – sie verändert sich lediglich.

Die Grundlage für eine erfolgreiche Elternebene ist Respekt:

- Respekt für die Rolle des anderen Elternteils.

- Respekt für die eigenen Grenzen und Bedürfnisse.

- Respekt für das Kind, das euch beide braucht.

Fazit

Die Elternebene zu etablieren, mag eine der größten Herausforderungen nach einer Trennung sein, doch sie ist auch die wichtigste. Indem ihr die persönlichen Verletzungen der Paarebene hinter euch lasst und euch auf das Wohl der Kinder konzentriert, könnt ihr eine stabile, liebevolle Nachtrennungsfamilie schaffen.

Das mag Zeit und Geduld erfordern – doch die Belohnung zeigt sich in den glücklichen Momenten und der Sicherheit, die ihr euren Kindern schenkt.

Finanzen

Gerechte Lösungen für Nachtrennungsfamilien

Finanzielle Fragen in Nachtrennungsfamilien sind oft ein heißes Eisen. Die gängigen Vorwürfe: »Er will nur den Unterhalt sparen!« oder »Sie will nur Geld!« zeigen, wie emotional aufgeladen das Thema ist. Doch unabhängig von diesen Reaktionen steht fest: Geld spielt eine zentrale Rolle im Alltag der Kinder und hat direkten Einfluss auf ihre Lebensqualität und ihre Zukunft.

In diesem Kapitel werfen wir einen Blick auf die Herausforderungen und Lösungen, die sich rund um die finanzielle Gestaltung im Wechselmodell ergeben. Es geht darum, faire und praktikable Ansätze zu finden, die den Kindern Stabilität bieten und gleichzeitig die Eltern nicht übermäßig belasten. Ziel ist ein Gleichgewicht, das das Wohl der Kinder und die finanzielle Situation beider Eltern berücksichtigt.

Kindesunterhalt in Deutschland: Ein Überblick

Der Kindesunterhalt ist ein wesentlicher Aspekt der finanziellen Regelungen für Nachtrennungsfamilien. Er soll sicherstellen, dass Kinder auch nach der Trennung ihrer Eltern ihren Lebensstandard weitgehend beibehalten können. Die Berechnung des Kindesunterhalts folgt spezifischen Leitlinien, die in Deutschland durch zwei Haupttabellen vertreten werden: die Düsseldorfer Tabelle und die Rosenheimer Tabelle.

1. Düsseldorfer Tabelle

Die Düsseldorfer Tabelle dient als Leitlinie zur Berechnung des Kindesunterhalts und wird von den Oberlandesgerichten in Deutschland regelmäßig aktualisiert. Sie bestimmt die Unterhaltshöhe basierend auf dem bereinigten Nettoeinkommen des Unterhaltspflichtigen, dem Alter des Kindes und der Anzahl der zu unterhaltenden Kinder. Diese Tabelle stellt sicher, dass der Lebensbedarf des Kindes entsprechend den finanziellen Möglichkeiten des Unterhaltspflichtigen gedeckt wird.

2. Rosenheimer Tabelle

Die Rosenheimer Tabelle (OLG München) wurde zwar nicht speziell für das Wechselmodell entwickelt, aber sie ist eine der wenigen Berechnungsmethoden, die für die Unterhaltsverteilung im Wechselmodell angewendet werden kann. Dieses Modell berücksichtigt die Einkommen beider Elternteile und sieht einen Betreuungsbonus für den Elternteil vor, der das Kind hauptsächlich betreut. Die Rosenheimer Tabelle zielt darauf ab, eine faire Verteilung der finanziellen Lasten zu erreichen, indem beide Eltern anteilig sowohl für den Betreuungs- als auch für den Barunterhalt aufkommen.

Finanzen: Das Herzstück der Gerechtigkeit

Eine klare Erkenntnis: Finanzielle Ungerechtigkeiten wirken sich immer auch auf die Kinder aus. Wenn ein Elternteil finanziell besser dasteht als der andere und dies in den Haushalten spürbar wird, kann das den Alltag der Kinder belasten. Daher ist es entscheidend, faire Lösungen zu schaffen, die beiden Elternteilen ermöglichen, ihren Beitrag zu leisten – nicht nur in Zeit, sondern auch in finanziellen Mitteln.

Das Wechselmodell bietet hier eine Besonderheit: Wenn beide Elternteile ähnlich verdienen und die Betreuungszeit 50/50 aufgeteilt ist, entfallen oft klassische Unterhaltszahlungen. Doch was, wenn die Einkommensverhältnisse stark auseinandergehen oder wenn Mehr- und Sonderbedarfe anfallen?

Residenzmodell & kleines Wechselmodell

Die Wahl zwischen dem Residenzmodell und einem kleinen Wechselmodell hat erhebliche Auswirkungen auf die finanzielle Gestaltung der Nachtrennungsfamilie:

1. **Residenzmodell:**
   Beim klassischen Residenzmodell erhält der Elternteil, bei dem die Kinder hauptsächlich leben, den Kindesunterhalt. Dieser richtet sich meist nach der Düsseldorfer Tabelle und wird durch das Einkommen des zahlenden Elternteils bestimmt.

2. **Kleines Wechselmodell:**
   Hier liegt die Betreuungsaufteilung nicht ganz bei 50/50 (zum Beispiel 60/40). Dennoch bleibt der Unterhaltsanspruch beim halb-betreuenden Elternteil bestehen, da die Betreuung nicht exakt gleichwertig ist.

Die Realität: Flexibilität statt starrer Regeln

Selbst wenn das Wechselmodell anfänglich exakt 50/50 geplant ist, zeigt die Praxis oft Abweichungen. Krankheiten, spontane Änderungen oder besondere Anlässe führen dazu, dass die Betreuungszeiten schwanken. Wichtig ist hier, im Vorfeld zu klären, wie solche Situationen finanziell ausgeglichen werden. Diese Flexibilität schafft Raum für individuelle Lösungen und beugt Streit vor.

Mehrbedarf und Sonderbedarf

Neben den täglichen Kosten gibt es zwei weitere Kategorien, die häufig diskutiert werden:

Mehrbedarf:

Regelmäßige, zusätzliche Kosten wie Schulbedarf, Nachhilfe, Kindergartenbeiträge oder Hobbys.
Diese Ausgaben können planbar gemacht und gemeinsam getragen werden.

Sonderbedarf:

Einmalige, unvorhersehbare Kosten wie medizinische Behandlungen, Brillen oder Klassenfahrten.
Auch hier ist eine faire Aufteilung entscheidend, orientiert am Einkommen der Eltern.

Ein bewährtes Modell ist die Einrichtung eines **Kinderkontos**, auf das beide Eltern entsprechend ihrer finanziellen Möglichkeiten einzahlen. Von diesem Konto können alle Mehr- und Sonderbedarfe beglichen werden.

Lösungsmodelle für finanzielle Fragen

Es gibt mehrere Ansätze, um finanzielle Fairness im Wechselmodell zu schaffen. Welcher Weg gewählt wird, hängt von den individuellen Umständen ab. Hier sind einige bewährte Modelle:

Prozentuale Aufteilung nach Einkommen:

Die Eltern teilen die Kosten entsprechend ihrer Einkommensverhältnisse.

Beispiel: Verdient ein Elternteil 70 % des Gesamteinkommens, übernimmt er auch 70 % der Kosten.

Halbe-Halbe-Modell:

Beide Eltern tragen die Kosten zu gleichen Teilen.

Dieses Modell eignet sich besonders bei vergleichbaren Einkommensverhältnissen.

Kindesunterhalt im Wechselmodell:

Falls ein Elternteil deutlich mehr verdient oder die Betreuungszeiten nicht exakt 50/50 aufgeteilt sind, kann weiterhin Unterhalt gezahlt werden.
Die Höhe wird angepasst, um die individuelle Situation zu berücksichtigen.

Gemeinsames Budget:

Ein Kinderkonto, auf das beide Eltern regelmäßig einzahlen, um Ausgaben zentral zu verwalten.

Vereinfachtes Berechnungsbeispiel

Hier ein Beispiel für eine faire Unterhaltsberechnung bei ungleichen Einkommen:

- **Mutter:** Netto-Einkommen 1.500 €

- **Vater:** Netto-Einkommen 3.500 €

- **Gesamteinkommen:** 5.000 €

- **Unterhaltsbedarf des Kindes laut Tabelle:** 600 €

Schritt-für-Schritt-Berechnung:

1. **Einkommensanteil:**

   - Mutter: 1.500 € (30 %)

   - Vater: 3.500 € (70 %)

2. **Aufteilung des Unterhalts:**

   - Mutter trägt 30 % = 180 €

   - Vater trägt 70 % = 420 €

3. **Einrichtung eines Kinderkontos:**

   - Mutter überweist monatlich 180 €, Vater 420 €.

   - Größere Ausgaben wie Klassenfahrten oder Schulmaterial werden vom Konto beglichen.

Wenn ein gemeinsames Konto nicht erwünscht oder möglich ist, wird alternativ der Differenzbetrag – in diesem Fall vom Vater an die Mutter – überwiesen.

Dieses Modell schafft Klarheit und stellt sicher, dass jeder Elternteil entsprechend seiner Möglichkeiten beiträgt.

Sonderfälle: Anpassung der Unterhaltszahlungen bei großen unterschiedlichen Einkommensverhältnissen

In der Praxis der Unterhaltsberechnung gibt es häufig Fälle, in denen die Einkommensverhältnisse der Elternteile erheblich voneinander abweichen. Solche Differenzen können aus verschiedenen, oft unverschuldeten Gründen entstehen, beispielsweise durch Krankheit eines Elternteils. In solchen Situationen kann die standardmäßige

Anwendung der Düsseldorfer Tabelle zu ungerechten Ergebnissen führen, weshalb eine individuelle Anpassung der Unterhaltspflichten notwendig wird. Diese Anpassungen sollen eine gerechte Verteilung der finanziellen Lasten unter den Eltern sicherstellen und dabei sowohl die finanziellen als auch die zeitlichen Beiträge, die jeder Elternteil leistet, angemessen berücksichtigen.

Es ist wichtig zu betonen, dass diese Anpassungen keine starren Regelungen darstellen, sondern vielmehr Überlegungen sind, die individuell abgewogen werden sollten. Ziel ist es, den Lebensstandard der gemeinsamen Kinder, wie er vor der Trennung bestand, weitestgehend zu gewährleisten.

Anpassungen basierend auf Betreuungsanteilen

1. 50/50 Betreuung: Wenn die Betreuung des Kindes gleichmäßig zwischen den Eltern aufgeteilt wird, kann eine Anpassung der Unterhaltspflicht des Mehrverdienenden vorgenommen werden. Normalerweise würde ein Elternteil, der nach der Düsseldorfer Tabelle auf einer hohen Stufe, beispielsweise Stufe 10, einzustufen wäre, entsprechend hohe Unterhaltszahlungen leisten müssen. Bei einer exakten 50/50 Betreuung könnte diese Verpflichtung jedoch auf eine niedrigere Stufe, wie Stufe 5, reduziert werden. Diese Anpassung trägt der Tatsache Rechnung, dass beide Eltern in gleichem Maße sowohl Betreuungsarbeit leisten als auch finanzielle Unterstützung bieten.

2. 70 % (kleines Wechselmodell) Betreuungsleistung durch den Geringverdiener: Liegt der überwiegende Teil der Betreuungsleistung bei einem Geringverdiener, so kann es angemessen sein, dass der Mehrverdienende eine höhere Unterhaltsstufe übernimmt, zum Beispiel Stufe 7 der Düsseldorfer

Tabelle. Diese Regelung berücksichtigt, dass der geringverdienende Elternteil nicht nur finanziell weniger beisteuern kann, sondern auch einen größeren Anteil der Betreuungs- und Erziehungsarbeit übernimmt.

Berücksichtigung individueller Faktoren und kindlicher Bedürfnisse

Es ist wichtig, dass bei der Festlegung des Kindesunterhalts individuelle Faktoren und die spezifischen Bedürfnisse des Kindes berücksichtigt werden. Die finanziellen Mittel beider Elternteile, ihre jeweiligen Lebensumstände sowie die Bedürfnisse und Ansprüche des Kindes sollten in die Überlegungen einfließen. Diese ganzheitliche Betrachtung hilft dabei, faire und angemessene Lösungen zu finden, die dem Wohl des Kindes dienen und beiden Elternteilen ermöglichen, ihre elterlichen Pflichten ohne übermäßige finanzielle Belastung zu erfüllen.

Diese Sonderregelungen stellen sicher, dass die Unterhaltspflichten realitätsnah und gerecht gestaltet werden, sodass die finanziellen Lasten zwischen den Eltern fair verteilt sind und das Kind auch nach der Trennung in einem stabilen und förderlichen Umfeld aufwachsen kann.

Fairer Unterhalt für Chancengleichheit

Faire Unterhaltsregelungen leisten einen wichtigen Beitrag, um Kinderarmut zu verhindern und Chancengleichheit zu fördern. Kinder aus Nachtrennungsfamilien sollten die gleichen Möglichkeiten haben wie Kinder aus anderen Familien. Dies bedeutet:

Stabilität schaffen:

Kinder sollen in beiden Haushalten ähnliche Lebensstandards erleben.

Chancen fördern:

Zugang zu Bildung, Hobbys und anderen förderlichen Aktivitäten sollte gewährleistet sein.

Regelmäßige Überprüfung:

Lebensumstände ändern sich. Daher sollten finanzielle Vereinbarungen regelmäßig angepasst werden.

Fazit: Zusammenarbeit als Schlüssel

Das Thema Finanzen birgt hohes Konfliktpotenzial, doch es bietet auch die Chance, als Eltern verantwortungsvoll und fair zusammenzuarbeiten. Klare Absprachen, Offenheit und ein Fokus auf das Wohl der Kinder sind die Schlüssel zu einer gelungenen Lösung. Indem beide Elternteile ihren Beitrag leisten – finanziell und organisatorisch –, schaffen sie eine stabile Grundlage, auf der ihre Kinder sicher und glücklich aufwachsen können.

Lobby fürs Kind

Mit diesem Buch habe ich meinen persönlichen Weg als Wechselmodellmama, meine Erfahrungen und die anderer Eltern in ähnlichen Modellen geteilt. Es ist eine Zusammenstellung, die von Erlebtem und Beobachtetem geprägt ist – keine politische Agenda, auch kein Dogma, sondern ein Einblick in die gelebte Realität von Nachtrennungsfamilien.

Vor allem die Arbeit an meinem Blog, den ich 2017 ins Leben gerufen habe, war es mein Ziel, Orientierung zu bieten, Trost zu spenden und eine Perspektive aufzuzeigen, die das Wohl der Kinder in den Vordergrund stellt. Dabei habe ich mich bemüht, diese Arbeit nicht als Überzeugungsarbeit für eine bestimmte Elternlobby zu gestalten, sondern als ein Plädoyer für das Wichtigste in jeder Trennungssituation: das Kind.

Eine Lobby fürs Kind

Wenn ich für etwas eintrete, dann ist es für das Wohl des Kindes – eine Lobby fürs Kind. Kinder sollten niemals zu Schachfiguren in einem Machtspiel der Eltern werden oder in den Schlagabtausch von Mütter- und Väterlobbys geraten.
Mein Standpunkt ist klar: **Es gibt kein pauschales Wechselmodell, das für alle Familien funktioniert.**

Jede Familie hat ihre eigenen Herausforderungen, ihre eigene Dynamik und ihre individuellen Bedürfnisse. Was für die eine Familie eine perfekte Lösung darstellt, kann für eine andere unmöglich sein. Es gibt keine Patentrezepte – nur maßgeschneiderte Ansätze, die das Wohl der Kinder an die erste Stelle setzen.

Mein Anliegen ist es, in den Diskussionen um Nachtrennungsfamilien sachlich und fair zu bleiben. Streit und Schuldzuweisungen lenken ab und schaden dem eigentlichen Ziel: die bestmögliche Unterstützung und Förderung der Kinder zu gewährleisten.

Ich hoffe, dass dieses Buch eine Einladung ist – eine Einladung, sich mit neuen Perspektiven auseinanderzusetzen und dabei den Fokus auf die Kinder zu richten. Ihre Bedürfnisse, Wünsche und ihre Zukunft stehen im Mittelpunkt dessen, was wir als Eltern, Fachleute oder Berater erreichen wollen.

Ausblick der Zuversicht

Als Mutter, die das Wechselmodell selbst gelebt hat, sehe ich dieses Modell als einen vielversprechenden Weg in die Zukunft. Nicht als einzige Lösung, aber als eine von mehreren wertvollen Optionen, die Familien nach einer Trennung zur Verfügung stehen sollten.

In Skandinavien, wo das Wechselmodell eine lange Tradition hat, sehen wir bereits heute, was möglich ist, wenn es Teil einer gesellschaftlich akzeptierten Norm wird. Ich bin überzeugt, dass auch in Deutschland die Zeit reif ist, über dieses Modell hinauszudenken: hin zu einer flexiblen und offenen Gestaltung von Familienmodellen, die beide Elternteile einbezieht.

Bildung, Aufklärung und Sensibilisierung

Die Akzeptanz des Wechselmodells hängt von Aufklärung und Bildung ab. Es geht darum, die Vorteile zu erklären, die Herausforderungen ehrlich anzusprechen und Vorurteile abzubauen. Mit Wissen können wir Unsicherheiten überwinden und Eltern dabei unterstützen, Entscheidungen zu treffen, die auf den individuellen Bedürfnissen ihrer Kinder basieren.

Ein besseres Verständnis des Wechselmodells führt zu mehr gesellschaftlicher Sensibilisierung – für die Bedeutung beider Elternteile, für die Einzigartigkeit jeder Familie und für die Wichtigkeit, den Fokus auf das Wohl der Kinder zu legen.

Eine dynamische Zukunft

Die nächste Generation wird entscheidend sein. Wie werden Kinder, die in Wechselmodellen aufwachsen, ihre eigene Rolle als Eltern sehen? Welche neuen Ansätze und Ideen werden sie entwickeln? Ich bin zuversichtlich, dass wir in einer dynamischen Phase der gesellschaftlichen Entwicklung stehen, in der das Wechselmodell als eine bereichernde Möglichkeit weiter an Akzeptanz gewinnt.

Mit fortschreitender Anpassung des Familienrechts, einer breiteren gesellschaftlichen Diskussion und politischer wie praktischer Unterstützung für Eltern können wir diese Entwicklung fördern. Ich sehe eine Zukunft, in der Nachtrennungsfamilien nicht als gescheiterte Ausnahme betrachtet werden, sondern als normaler Teil einer diversen Gesellschaft.

Eine Lobby fürs Kind? Was heißt das für mich ganz persönlich?

»Kinder müssen ihr Sein in der Welt ausdrücken können.« – Jesper Juul

Wenn wir als Erwachsene unsere Kinder vor einer anstehenden Trennung befragen würden, ob sie damit einverstanden sind, würde sicher nur ein kleiner Teil der elterlichen Trennung zustimmen. Natürlich ist für jedes Kind die familiäre Dreierbeziehung (Mutter-Vater-Kind + Geschwister) wichtig. Eine Veränderung in dieser Konstellation ruft bei Kindern immer massive Ängste und Unsicherheiten hervor. Daher ist es wichtig, den Kindern so wenig Änderung während der Veränderung zuzumuten.

Das Wichtigste ist jedoch die Erfahrung fürs Kind, dass sich nur die Eltern voneinander trennen, aber nicht die Eltern von ihm!

Bei allem, was ich inzwischen weiß, zeigt sich, dass die wenigsten Eltern ein freiwilliges und harmonisches Wechselmodell führen. In den meisten Fällen fühlt sich ein Elternteil zu sehr vom anderen im Alltag und Umgang mit dem Kind bevormundet und in seinem Autonomiebestreben nach der Trennung beschnitten.

Daher ist es meines Erachtens nicht förderlich, durch ein erzwungenes, kompliziertes Modell die Eltern in eine Rolle zu zwingen, in der sich die Frustration auf die Kinder niederschlägt.

Deswegen betrachte ich das Wechselmodell 50/50 als einen Entstehungsprozess. Und zwar für alle Beteiligten. Wenn bereits vor der Trennung eine nahezu gleichmäßige Betreuung der Kinder gelebt wurde, ist es natürlich logisch, dass es danach in einer ähnlichen Form weitergeführt wird.

Der beste Ansatz ist: Kontinuität. Je kleiner die Kinder, desto wichtiger. Ich halte nichts davon, einen Säugling, der gestillt wird, 50/50 auf die Eltern aufzuteilen. Umso jünger das Kind, desto mehr Zeit bei dem Elternteil, der von Anfang an das Kind betreut hat. Das ist nun mal meist die Mutter. Von jeglichen Bindungstheorien usw. mal abgesehen. Wenn der Vater ein wichtiger Bestandteil im Leben des Kindes sein will, dann wäre für mich die zunächst sinnvollste Variante, feste Besuchszeiten in Form von Umsorge (Wickeln, Füttern, Einschlafbegleitung) zu vereinbaren. Dadurch kann Nähe und Bindung aufgebaut werden. Je größer das Kind wird, desto großzügiger und intensiver sollten diese Zeiten ausgebaut werden.

In einem Alter ab ca. 2 Jahren beginnt ein Kind mit anderen, besonders zu Gleichaltrigen, in Beziehung zu treten. Die ersten Abnabelungsprozesse beginnen, und Kinder fangen an, bewusst ihre Umgebung zu erkunden. Sie erweitern ihren selbstständigen Aktionsradius und streben nach Autonomie.

Ab dem Kindergartenalter ergibt es Sinn, die Umgänge zu erweitern; plus Übernachtungen beim anderen Elternteil. Je früher Kinder die Erfahrung machen, dass sie nach einer zeitweisen Trennung immer wieder zur Mama zurückkommen, desto eher lernen sie, dass dies zur neuen Gewohnheit wird. Und sie können sich darauf verlassen, dass sie bei dem Elternteil, der sie abholt, eine schöne Zeit haben und sie anschließend wieder glücklich nach Hause kommen können und dort liebevoll empfangen werden. Das Wichtigste dabei ist, dass Kinder nie das Gefühl bekommen, für ihre schöne Zeit bei Papa ein schlechtes Gewissen haben zu müssen. Sie wollen, dass es Mama gut geht, auch wenn sie nicht bei ihr sind. Ist die Mutter sauer oder gekränkt, überträgt sich das sofort aufs Kind. Schlimmstenfalls bekommt es ein lebenslanges Schuldgefühl.

Ich plädiere für ein echtes 50/50 Modell erst ab der Schuleignung des Kindes.

Kinder, oder besser gesagt, Jugendliche ab ca. 12 haben ein enormes Mitspracherecht, was die Betreuung und das eigene »Lebensmodell« betrifft. Auch wenn sie sich der Folgen eigener Entscheidungen noch nicht immer bewusst sind. Es geht um das Ausprobieren. Wie alles im Leben unterliegt es der Gesetzmäßigkeit von »Versuch & Irrtum«. Und wenn unsere Kinder Entscheidungen treffen, die sie hinterher bereuen, oder erkennen, dass dies nicht das war, was sie wollten, dann sollten wir als Eltern da sein und ihnen die Möglichkeit der Umkehr oder Änderung einräumen. Und zwar ohne schlechtes Gewissen oder Moralpredigten. Das ist echtes Loslassen. Die Türen anlehnen. Und nicht verletzt ziehen lassen und Türen verschließen. Kinder wollen immer ein geliebtes Kind sein, auch wenn sie gegen den Willen der Eltern handeln. Dieses mächtige Gefühl ist die Grundvoraussetzung, dass sie stets wissen, wo ihr sicherer Hafen ist. Und immer sein wird. Wir müssen bei den Entscheidungen unserer Kinder nicht immer geschlossen hinter ihnen stehen. Aber maximal schützend einen Meter daneben. Mit der Hand, die wir reichen.

Nachwort

Mit Vertrauen in die Zukunft

Liebe Eltern,

es ist keine einfache Zeit, in der ihr euch gerade befindet. Trennung, Veränderungen und all die Emotionen, die damit einhergehen, können überwältigend sein. Es fühlt sich vielleicht so an, als sei nichts mehr, wie es war, und ihr fragt euch, wie ihr in diesem Chaos den richtigen Weg für euch und eure Kinder finden könnt.

Lasst mich euch zuerst sagen: Ihr seid nicht allein. Es gibt so viele Eltern, die sich wie ihr mit den Herausforderungen des neuen Familienmodells auseinandersetzen. Und wenn ihr jetzt hier seid, diesen Text gelesen habt und nach Wegen sucht, macht ihr bereits einen der wichtigsten Schritte – ihr setzt euch aktiv für eure Kinder ein.

Eure Gefühle sind berechtigt

Trennungen bringen eine Vielzahl von Gefühlen mit sich: Wut, Schmerz, Schuld, Angst und manchmal auch Hoffnungslosigkeit. Diese Gefühle sind völlig normal und dürfen da sein. Es ist keine Schwäche, sie zu fühlen. Es ist menschlich.

Doch genau hier liegt die Chance. Inmitten all dieser Emotionen habt ihr die Möglichkeit, eine neue Realität zu gestalten – eine, die für euch und eure Kinder funktioniert. Veränderung ist nie leicht, aber sie ist auch nie unmöglich.

Eure Kinder brauchen euch – beide

Euer Kind liebt euch beide, und das wird sich nicht ändern. Für euer Kind seid ihr Mutter und Vater, unabhängig davon, was zwischen euch als Paar passiert ist. Es will euch beide in seinem Leben haben, ohne dass es sich entscheiden oder loyal sein muss.

Euer Kind wünscht sich Sicherheit, Stabilität und das Wissen, dass es geliebt wird. Diese Gewissheit könnt ihr ihm schenken, indem ihr zeigt, dass es nicht zwischen euch steht, sondern dass ihr für es da seid – gemeinsam, auch wenn ihr getrennte Wege geht.

Vertrauen ist der Schlüssel

Vielleicht fühlt sich der Gedanke, mit eurem Ex-Partner zu kooperieren, gerade unmöglich an. Vielleicht gibt es noch Wunden, die nicht verheilt sind, oder Ängste, die euch zurückhalten. Doch ich bitte euch, ein kleines Stück Vertrauen zu wagen – nicht blind, sondern in die gemeinsame Liebe zu eurem Kind.

Ihr müsst nicht alles perfekt machen. Niemand verlangt, dass ihr plötzlich beste Freunde werdet. Es reicht, wenn ihr das Wohl eures Kindes an die erste Stelle setzt und bereit seid, Schritt für Schritt an einer neuen Form des Miteinanders zu arbeiten.

Eure Kraft als Eltern

Ihr seid stärker, als ihr denkt. Die Tatsache, dass ihr diesen Weg gehen wollt oder zumindest darüber nachdenkt, beweist, wie viel ihr für euer Kind tun möchtet. Und auch wenn es Momente gibt, in denen ihr zweifelt, in denen es schwer ist und die Unsicherheit überwiegt – glaubt an euch.

Ihr habt die Kraft, eine sichere und liebevolle Umgebung für euer Kind zu schaffen, auch wenn das Familienmodell jetzt anders aussieht. Ihr seid in der Lage, Brücken zu bauen, Konflikte zu entschärfen und gemeinsam Wege zu finden, die für euer Kind das Beste sind.

Veränderung beginnt mit kleinen Schritten

Ihr müsst nicht alles auf einmal schaffen. Vielleicht fühlt sich der Gedanke an ein Wechselmodell zu groß an oder die Vorstellung, eng mit eurem Ex-Partner zusammenzuarbeiten, zu überwältigend. Das ist okay. Veränderung beginnt immer mit kleinen, machbaren Schritten.

- Sprecht miteinander – ruhig, respektvoll, ehrlich.

- Hört einander zu, auch wenn ihr nicht immer einer Meinung seid.

- Stellt Fragen: Was braucht unser Kind? Wie können wir das schaffen?

- Holt euch Unterstützung, wenn ihr sie braucht. Mediation, Beratung oder Coaching können euch helfen, Klarheit zu finden.

Die Zukunft eures Kindes ist euer gemeinsames Ziel

Am Ende geht es darum, eurem Kind eine glückliche und stabile Kindheit zu schenken. Eine Kindheit, in der es weiß, dass es geliebt wird, dass es sicher ist und dass seine Eltern – egal, was zwischen ihnen vorgefallen ist – an einem Strang ziehen, wenn es um sein Wohl geht.

Diese gemeinsame Zukunft ist möglich. Sie wird nicht ohne Rückschläge sein, aber sie wird die Mühe wert sein. Denn ihr handelt für das Wertvollste in eurem Leben: für euere Kinder.

Euer Weg ist einzigartig

Es gibt kein universelles Rezept für die perfekte Familie nach einer Trennung. Jeder Weg ist anders, und was für die eine Familie funktioniert, mag für eine andere nicht passen. Aber eines ist sicher: Der Wille, eine gute Lösung zu finden, ist der erste und wichtigste Schritt.

Vertraut darauf, dass ihr gemeinsam mit eurem Kind einen Weg finden werdet, der für euch alle funktioniert. Vertraut darauf, dass es möglich ist, auch nach einer Trennung eine starke und liebevolle Familie zu bleiben – nur eben in einer neuen Form.

Mit Hoffnung und Mut in die Zukunft

Liebe Eltern, ich glaube an euch. Ich glaube an eure Liebe zu eurem Kind und an eure Fähigkeit, die richtigen Entscheidungen zu treffen – auch wenn sie schwer sind. Geht diesen Weg mit Hoffnung und Mut, Schritt für Schritt.

Ihr schafft das. Und euer Kind wird es euch danken – nicht nur heute, sondern ein Leben lang.

Danke

Liebe Mamas, liebe Papas, liebe Lesende,

ich danke euch, dass ihr mich auf dieser Reise begleitet habt – als Leserinnen und Leser, als Nachdenkende und vor allem als Menschen, die den Mut haben, neue Wege zu gehen. Dieses Buch ist ein Angebot, kein Abschluss. Es ist der Anfang einer Diskussion, die weitergeht und wachsen wird.

Eure Bereitschaft, sich auf den Weg zu machen, zeigt, dass Veränderung möglich ist. Ihr seid die Grundlage für eine Zukunft, in der Kinder trotz aller Herausforderungen einer Trennung stark, geliebt und zuversichtlich aufwachsen können. Das Wechselmodell ist dabei nur ein Weg, und nicht für jede Familie der richtige. Wichtig bleibt immer die zentrale Frage: Was braucht das Kind?

Ich bin zuversichtlich, dass ihr mit dieser Frage als Kompass den richtigen Weg finden werdet – für euch und eure Kinder.

Mit diesem Gedanken verabschiede ich mich aus diesen Seiten – mit Hoffnung, Vertrauen und der Überzeugung, dass ihr die Stärke und Liebe habt, die es braucht, um euren Kindern eine sichere und glückliche Zukunft zu schenken.

Von Herzen alles Gute für euren Weg.

Eure Annett

»Nicht Macht, sondern Klugheit lenkt den Lauf der Dinge. Wer klug ist, gibt ab.« – Annett Kreil

Danksagung

Zuallererst möchte ich meinen treuen Leserinnen und Lesern, den Mitgliedern meiner Online-Community und meinen Unterstützenden auf Social Media meinen tiefsten Dank aussprechen. Ohne eure unermüdliche Bereitschaft zum Austausch, eure Offenheit und eure Rückmeldungen wäre dieses Buch nicht das, was es ist.

Ein besonderer Dank gilt **Jan und Zarah**, meinen unermüdlichen Admins in der Facebookgruppe *»Wege zum Wechselmodell«*. Eure Hingabe, eure wertvollen Beiträge und eure Unterstützung sind das Rückgrat unserer Gemeinschaft. Ebenso möchte ich meiner Podcast-Partnerin **Jil** danken – gemeinsam haben wir die Idee des Wechselmodells hinaus in die Welt getragen.

Dieses Buch ist weit mehr als eine Sammlung meiner Gedanken und Erfahrungen. Es ist ein Mosaik aus Liebe, Unterstützung und Weisheit von Menschen, die mein Leben bereichert haben.

An erster Stelle steht meine wunderbare **Tochter**, deren Einfühlsamkeit, Kooperationsbereitschaft und tiefes Vertrauen mir täglich zeigen, was wahre Liebe bedeutet. Du bist das Herz unserer Familie und die Inspiration hinter so vielen Seiten dieses Werkes.

Meinem **Ex-Mann** danke ich von ganzem Herzen für die gemeinsamen Erfahrungen und die wertvollen Lektionen, die ich daraus ziehen konnte. Du hast einen wesentlichen Teil zu meinem persönlichen Wachstum beigetragen, und ich bin dankbar für das, was wir gemeinsam für unser Kind schaffen konnten.

Ein besonderes Dankeschön geht an **Holli**, meinen Ex-Freund. In einer Zeit des Wandels warst du meine Stütze und hast mit deiner Liebe und deinem Beistand meinen Weg erleuchtet. Deine Stärke war mein Anker in stürmischen Zeiten.

Meine **Eltern** und ihre Partner verdienen meine aufrichtige Dankbarkeit. Ihr wart mir – vor allem eurer Enkeltochter – eine große Stütze und seid wichtige Pfeiler in ihrem Heranwachsen. Und auch wenn ihr vielleicht nie an eine Veröffentlichung geglaubt habt: Tja, nun müsst ihr es lesen.

Meinen **Schwestern Kerstin und Sarah** danke ich von Herzen. Ihr verkörpert für mich den Inbegriff von Familie und Zusammenhalt. Eure Unterstützung und euer Glaube an mich sind unendlich wertvoll.

Ein herzliches Dankeschön auch an meine Freundinnen **Chris**, **Elfi**, **Celina** und ganz besonders an meine beste Freundin **Desire**. Deine Freundschaft, auch über große Distanzen hinweg, ist seit Jahrzehnten ein unschätzbares Geschenk. Deine Liebe und Bereitschaft, mir zuzuhören und mir beizustehen, bedeutet mir alles. Miss you!

Nicht zuletzt danke ich **Christian**, meinem guten Freund, Nachbarn und Mentor. Deine eigenen Erfahrungen und Einsichten, die Parallelen und Unterschiede zu meinem Leben, sind ein wertvoller Schatz. Ein Toast auf unsere Kinder, unsere Ex-Partner und die unerwarteten Wendungen des Lebens!

Und schließlich – mein tiefster Dank gilt **Sascha**, meinem Partner-in-Crime. Du hast mich in den schwierigsten Momenten getragen, mir den Rücken freigehalten und mich immer wieder daran erinnert, dass wahre Stärke nicht im Kampf, sondern in der Gelassenheit liegt. Deine Klarheit, dein Humor und deine unerschütterliche Unterstützung bedeuten mir mehr, als Worte ausdrücken können. Dass du als jemand ohne eigene Kinder so oft die besten Ratschläge hast – ist fast schon absurd – und doch bin ich jeden Tag unendlich dankbar dafür. 143.

Ihr alle habt dieses Buch möglich gemacht. Ihr seid alle ein Teil meiner Reise und meiner Geschichte. Dafür danke ich euch von ganzem Herzen.

GLOSSAR UND QUELLEN

Sven Barnow
Forscher, bekannt für seine Arbeiten im Bereich der Emotionsregulation und Psychopathologie.

Werner Bartens
Autor des Artikels *Scheidung tut weh* in der Süddeutschen Zeitung, der sich mit den psychosomatischen Auswirkungen von Scheidungen befasst.

Malin Bergström
Schwedische Forscherin, bekannt für ihre Studien zur Kinderbetreuung und zum Wohlbefinden von Kindern in verschiedenen Familienkonstellationen.

BMFSFJ
Bundesministerium für Familie, Senioren, Frauen und Jugend. Verantwortlich für die Gestaltung der Familienpolitik in Deutschland.

Co-Parenting bezeichnet eine Form der gemeinsam geteilten Elternschaft nach einer Trennung oder Scheidung, bei der beide Eltern trotz getrennter Haushalte weiterhin gemeinsam Verantwortung für ihr Kind übernehmen.

Düsseldorfer Tabelle
Eine Richtlinie zur Berechnung des Kindesunterhalts in Deutschland, die das Einkommen des unterhaltspflichtigen Elternteils und den Bedarf des Kindes berücksichtigt. (**Rosenheimer Tabelle** S. 65)

Entfremdung / Parental Alienation
Der Prozess, bei dem ein Kind durch Manipulation eines Elternteils eine unbegründete Ablehnung gegenüber dem anderen Elternteil entwickelt.

Gender Pay Gap

Geschlechtsspezifischer Lohnunterschied, dieser bezeichnet die durchschnittliche Differenz im Bruttoeinkommen zwischen Männern und Frauen. Er wird häufig als prozentualer Wert ausgedrückt und zeigt auf, wie viel weniger Frauen im Vergleich zu Männern verdienen.

Generation X

Begriff aus der Soziologie. Die Bevölkerungsgruppe, die nach der Babyboomer-Generation geboren wurde, mit Geburtsjahren zwischen 1965 und 1980.

Generation YOLO (You Only Live Once)

Diese Bezeichnung bezieht sich hauptsächlich auf die Generation Z (Gen Z) und teilweise auf die späten Millennials (Gen Y).
Ein Begriff für die jüngere Generation, die besonderen Wert auf das Erleben und Genießen des gegenwärtigen Moments legt.

Generation Z

Die Generation Z ist die erste Generation, die vollständig in der digitalen Welt aufgewachsen ist. Sie ist technikaffin, sozial bewusst und legt großen Wert auf Individualität, aber auch auf Sicherheit und mentale Gesundheit. Jahrgänge zwischen 1995 und 2010.

Gleichwürdig

Ein von Jesper Juul geprägter Begriff, der beschreibt, dass Kinder in der Familie als gleichwürdige Mitglieder betrachtet werden sollten. Es geht hier um die Begegnung »auf Augenhöhe«.

Klaus Dieter Grawe

Ein deutscher psychologischer Psychotherapeut und Hochschullehrer, der sich insbesondere auf die Psychotherapieforschung spezialisiert hat.

Grundbedürfnisse von Kindern
Grundlegende physische, emotionale und psychologische Bedürfnisse von Kindern, die für ihre gesunde Entwicklung notwendig sind.

Jakob Hein
Ein deutscher Schriftsteller, der in seinen Werken oft gesellschaftliche und psychologische Themen behandelt.

Jesper Juul
War ein dänischer Familientherapeut und Autor, bekannt für seine progressiven Ansichten zur Kindererziehung und Familienpsychologie.

Kindeswohl
Ein juristischer und sozialer Begriff, der das Wohlergehen und die Interessen eines Kindes in den Mittelpunkt stellt.

Kindeswunsch (Kindeswille)
Der Wunsch oder Wille des Kindes, oft im Kontext von Sorgerechtsentscheidungen relevant.

Kinder im Blick
Initiative und Kurse, die vom Jugendamt und anderen Familienberatungsstellen angeboten werden, mit dem Ziel, Eltern in der positiven Gestaltung der Beziehung zu ihren Kindern nach einer Trennung zu unterstützen.

Remo Hans Largo
Ein Schweizer Kinderarzt und Autor. Er war bekannt für seine umfassenden Studien und Veröffentlichungen zur kindlichen Entwicklung und Erziehung.

Mutterbashing
Ein umgangssprachlicher Begriff, der die Praxis der ungerechten oder übermäßigen Kritik an Müttern beschreibt.

Mütterlobby
Gruppierungen oder Organisationen, die sich für die Interessen und Rechte von Müttern einsetzen.

Parental Alienation Syndrome (PAS)
Siehe Entfremdung.

Residenzmodell
Ein Betreuungsarrangement, bei dem das Kind hauptsächlich bei einem Elternteil lebt und regelmäßigen Umgang mit dem anderen Elternteil hat.

Übergabe-Apps
Smartphone-Anwendungen, die getrennt lebenden Eltern dabei helfen, Informationen über ihre Kinder auszutauschen und die Betreuung zu koordinieren.

(Erweiterter) Umgang
Eine Form des Umgangsrechts, bei der das Kind regelmäßig und für längere Zeitperioden bei dem nicht hauptsächlich betreuenden Elternteil verbringt.

Väterlobby
Gruppierungen oder Organisationen, die sich für die Rechte und Interessen von Vätern einsetzen.

Richard A. Warshak
US-amerikanischer Psychologe und Forscher, bekannt für seine Arbeiten über Eltern-Kind-Entfremdung und deren Auswirkungen.

Wechselmodell
Ein Betreuungsarrangement für Kinder getrennt lebender Eltern, bei dem die Kinder abwechselnd bei beiden Elternteilen leben.

Quellen

Neben wissenschaftlichen Quellen fließen Bücher und Artikel von renommierten Expertinnen und Experten aus den Bereichen Familientherapie, Trennungsmanagement und Kinderpsychologie ein.

Zusätzlich wurden relevante Informationen aus Blogs, Foren und spezialisierten Webseiten berücksichtigt. Einige Studien und Artikel sind über akademische Journale und spezifische Datenbanken zugänglich.

- **BMFSFJ Website**: Offizielle Informationen zur Familienpolitik (aktuellstes Gutachten März 2021)

- **Studien des Deutschen Jugendinstituts (DJI)** Veröffentlichungen aus den Jahren 2017, 2019, 2024

- **Düsseldorfer Tabelle 2023**: Leitlinie für Kindesunterhalt.

- **Initiativen und Programme**: *Kinder im Blick* – Kurse und Beratungen

Studien & Artikel

- **Getrennt gemeinsam erziehen** Befragung von Trennungseltern im Auftrag des BMFSFJ, August 2017

- **Heute Mama, morgen Papa – Der Streit ums Wechselmodell** MDR Fernsehen, Exakt – die Story, 03.07.2019

- **Scheidung tut weh** Artikel von Werner Bartens, Süddeutsche Zeitung, 27. April 2015

- **Schwedische Studie von Malin Bergström (2015)**
  Untersucht das psychische Wohlbefinden von Kindern im Wechselmodell

- **Studie von Vanassche et al. (2013)**
  Belgischer Forschungsbericht zur Kinderbetreuung

- **Emotionsregulation und Psychopathologie**
  Sven Barnow, veröffentlicht am 12. April 2012

- **Langzeitstudie zur Eltern-Kind-Beziehung**
  Child Development, 2020

- **Forschung zur akademischen Leistung**
  Scandinavian Journal of Psychology, 2019

- **Studie über psychisches Wohlbefinden**
  American Psychological Association, 2021

- **Untersuchung zu sozialen Fähigkeiten**
  Child and Family Social Work, 2019

- **Forschung zu Familienklima und Konflikten**
  Family Process, 2020

- **Studie zur Anpassungsfähigkeit bei Jugendlichen**
  Journal f Divorce & Remarriage, 2021

- **Langzeitstudie zur Entwicklung von Jugendlichen in hochkonflikthaften und getrennten Familien**
  Walper, S. & Beckh, K. (2006). Adolescents' development in high-conflict and separated families. Evidence from a German longitudinal study.

Ratgeber – Quellen und Empfehlungen

1. **Umgang im Wechselmodell; Eine Familie, zwei Zuhause**
   Thomas Matthäus & Isabell Lütkehaus

2. **Unser Kind hat zwei Zuhause, Erfahrungen aus 9 Jahren Wechselmodell**
   Milena Mergell & Thomas Baum

3. **Neue Väter brauchen neue Mütter**
   Margit Stamm

4. **Erziehung im Wechselmodell: Trennungskinder und gelungene Erziehungspartnerschaft**
   Danielle Gebur

5. **Kindern bei Trennung und Scheidung helfen**
   Claus Koch & Christoph Strecker

6. **Mut zur Trennung; Kinder brauchen Aufrichtigkeit**
   Jutta Martha Beiner

7. **Das Unwohlsein der modernen Mutter**
   Mareice Kaiser

8. **Stark und Alleinerziehend**
   Alexandra Widmer

9. **Das kompetente Kind**
   Jesper Juul

10. **Kinderjahre**
    Remo Hans Largo

ÜBER DIE AUTORIN

Eine Trennung, zerbrochene Herzen, und mittendrin ein Kind, das beide Elternteile benötigt. Wie kann man in dieser Situation das Beste für das Kind tun? Wie kann man eine Familie nach der Trennung neu gestalten, ohne dass das Kind zum Spielball der Emotionen wird?

»Ein Kind – Zwei Welten« stellt genau diese Fragen und macht sich auf die Suche nach Antworten. Annett Kreil, selbst Wechselmodellmama, teilt ihre persönlichen Erfahrungen, Erkenntnisse und praktischen Tipps für eine gelungene Elternschaft nach der Trennung.

Annett Kreil, 1981 geboren und zugereiste Münchnerin. Gelernte Bankkauffrau, Bloggerin & Autorin. Ausgebildeter Personal-Coach, Lektorin und Mutter einer inzwischen 15-jährigen Tochter.